Dedicatória

Dedico este livro a todos da minha família que contribuem diariamente para o meu crescimento pessoal e profissional.

Aos espíritos de luz que me visitam e que me abastecem de coragem e esperança para caminhar sempre em direção à vida, sem esmorecer e com alegria no coração.

Agradecimentos

Aos meus colegas docentes e aos profissionais da área de Recursos Humanos que, com paciência, me ensinam as práticas da administração.

Às instituições de ensino, que me permitem avançar na procura incansável pelo conhecimento, além de poder compartilhar com os meus alunos experiências vivas desse aprendizado.

Prefácio

Com freqüência as empresas escrevem uma nova página de sobrevivência e competitividade no mundo dos negócios. A globalização trouxe um sentido de competição que escraviza os anseios e as perspectivas das pessoas que detém o poder organizacional e também das pessoas que movimentam estas organizações. Num outro aspecto, estas pessoas tentam se reencontrar numa relação de emprego explícita e de ajuda mútua em busca de um pseudo-sucesso. Sucesso este que encontra apoio nas propostas responsáveis de organizações que encaram o seu desenvolvimento a partir do desenvolvimento das pessoas, nos instrumentos de formação e de educação, nas iniciativas bem-sucedidas que se apropriaram das técnicas de capacitação formal e atitudinal e, criam recursos para as ações que convergem para o aprendizado compartilhado. O mundo da educação continuada pede passagem às pessoas que dela querem fazer a diferença.

Sabemos que grande parte das ações efetivas das organizações em aprimorar a capacidade laboral das pessoas, esbarra no desconhecimento das vantagens de uma educação continuada. Então é importante que se criem as condições para a organização aproveitar melhor das pessoas, de prover recursos para tornar projetos de treinamento em oportunidades de aproveitamento no curto prazo. Quando olhamos para a realidade dos mercados, observamos excesso de mão-de-obra e falta de qualificação, um investimento que poderia ser melhor administrado pelos profissionais da área de Recursos Humanos e os gestores responsáveis pelas pessoas, e normalmente o que acontece é o contrário, projetos sendo elaborados sem o menor comprometimento com os resultados da organização.

É preciso mostrar a diferença entre condicionamento organizacional, onde os eventos são administrados sem critérios ou sem idéia da repercussão do ato praticado, e a conscientização, que revela um lado ainda emergente das organizações e dos profissionais, que é o de avaliar os resultados dos atos praticados, comunicar os envolvidos e de fato aprenderem continuamente.

Este é um problema que me preocupa. Falamos de conhecimentos, capacidades, habilidades e atitudes que esperamos encontrar nas pessoas, como se saissem prontos de uma universidade e, de uma certa forma, poderíamos aprender juntos e transformarmos nossas organizações em organizações que aprendem continuamente.

Convido os leitores para esta viagem fantástica pelo mundo da aprendizagem organizacional e, juntos podermos refletir profundamente a respeito de um sistema interdependente chamado "Conhecimento".

Apresentação

A rivalidade entre as empresas resulta em problemas que vão desde a necessidade de sobrevivência e competitividade no mundo globalizado, na busca de melhorias constantes das suas práticas administrativas, até o alto índice de rotatividade da força de trabalho. Para administrar esse cenário repleto de desafios e estratégias, o grande aliado ou a ferramenta de trabalho importante é o Planejamento Estratégico de Recursos Humanos, que executa uma análise diagnóstica do ambiente interno e externo, escolhe as melhores possibilidades de estratégia, implementa as ações viáveis a partir de informações coerentes e, com isso, consegue avaliar os resultados esperados e obtidos de suas políticas ou projetos de Treinamento, Desenvolvimento e Retenção de Pessoas.

Para evitar que o problema da rotatividade aumente em proporção maior do que a sua capacidade de administração, as empresas estão percebendo que a saída estratégica viável é adotar políticas de Recursos Humanos. Com base nisso, além da formação da base, a formação profissional e o comportamento devem ser forças aliadas de forma a gerar o diferencial entre as empresas inteligentes.

Considerando as tendências modernas de velocidade das mudanças, uma verdade é incontestável: a de que quanto mais informações as empresas obtiverem, menor será a incerteza na hora de decidir. Inovação e Criatividade são termos atuais frente ao mercado competitivo, e quem não inovar estará "morto" como competidor. Empresas e Pessoas inovadoras são os ingredientes e a alma dessa receita de negócio empreendedor.

Considerando que o conhecimento é depreciado de maneira inversa, ou seja, quanto mais se pratica o conhecimento, mais ele se renova e por conseguinte se valoriza, observa-se que empresas preocupadas com seu desenvolvimento e seu posicionamento no mercado saem em busca de novas práticas e métodos que as qualifiquem continuamente, inclusive a sua força de trabalho.

As pesquisas mostram que a deficiência na qualificação e na educação dos trabalhadores reflete negativamente no processo de produção, nos comportamentos, no clima e na competitividade da empresa.

As grandes empresas montam seus centros de treinamento ou mesmo escolas próprias. Outras ainda procuram, nas Instituições de Ensino, a fórmula pedagógica e a orientação necessária para complementar a capacitação e o aprimoramento de seus trabalhadores.

Nas palavras de George Bernard Shaw (1856-1950), escritor, dramaturgo e jornalista irlandês: "Se você tem uma maçã e eu tenho uma maçã, e se nós trocarmos nossas maçãs, cada um de nós terá apenas uma maçã. Mas se você tem uma ideia e eu tenho uma ideia, e se nós trocarmos nossas ideias, então cada um de nós terá duas ideias".

Esse panorama que se descortina no cenário nacional reflete a ideia de que a formação de uma cultura voltada à qualidade e à produtividade dos produtos e serviços prestados sai da teoria e passa para o nível prático, de forma que, a capacidade de aprendizado dos trabalhadores torna-se fator crítico do sucesso empresarial, respondendo às mudanças corporativas mundiais.

A explosão das redes de tecnologia de informação, dos ambientes informatizados de transmissão de conhecimentos a distância, dos sistemas de informações gerenciais, aliada à melhoria nas práticas de gestão, tem impulsionado e resgatado o conceito de valorização do capital humano nas empresas, criado desde a década de 1960.

Enquanto isso, as Universidades, as Faculdades e os Centros Tecnológicos formam, anualmente, profissionais que se informam e pesquisam, auxiliados pela tecnologia e pela Web, o que faz com que, muitas vezes, violentas exigências de mudança aconteçam nas empresas, que se transformam de forma a se adaptarem a essa nova realidade corporativa. Passam, portanto, a adotar novas práticas administrativas de participação dos trabalhadores, novas funcionalidades e a utilizar a tecnologia para atender aos seus objetivos e às metas empresariais, com foco na redução de custos e na melhor administração do tempo na busca de informações e aprendizado.

A tecnologia que contempla a Informática, as Telecomunicações e os Sistemas de Informação Gerencial – SIG, vem causando o desenvolvimento de novas formas de agir, com a utilização dos recursos e, consequentemente, mudando a cultura para assimilar os paradigmas científicos e tecnológicos. A Internet, que congrega uma imensa base de dados e negócios virtuais, impõe uma desafiadora rotina repleta de oportunidades para os profissionais, as empresas e os parceiros do aprendizado. No contexto evolutivo, as empresas não ignoram as transformações que se configuram na chamada sociedade do conhecimento e do aprendizado. As atitudes diante das informações e a maneira como elas são coletadas e processadas está mudando significativamente, pois da mesma forma nunca estivemos diante de tanta informação diariamente, nunca tivemos tanta incerteza da nossa trajetória individual e profissional.

E é nesse contexto que podemos ver que as empresas buscam, a todo o momento, um referencial profissional e educacional para qualificar as pessoas.

Estagnadas em conceitos puramente didáticos, muitas empresas, hoje, desejam apenas a qualificação técnica dos trabalhadores, tentando solidificar o seu posicionamento no mercado. Não percebem que primar pela qualidade do produto ou do serviço prestado faz com que as organizações reflitam um pouco mais sobre o seu papel como formadoras de profissionais capacitados e educados para o mundo, ampliando a sua certificação e credibilidade no contexto da Qualidade e Produtividade.

A combinação entre tecnologias convencionais e modernas comparada ao ensino puramente tradicional na utilização da Tecnologia da Informação e do processo da Comunicação na educação tem um alcance quantitativo e qualitativo muito maior no sentido de expansão e acesso ao ensino. Nesse cenário, as empresas demonstram que a busca por novas formas de melhorar a quantidade e a qualidade de seus produtos e serviços faz–se necessária, pois os gestores devem estar atentos e ouvir o mercado, ou seja, qualidade, quantidade e bom atendimento significam: retorno imediato, rentabilidade, imagem positiva, melhorias contínuas e resultados esperados no desenvolvimento organizacional e dos trabalhadores.

Tendo em vista esse panorama, a proposta deste livro será a de abordar os conceitos da aplicação dos programas de Treinamento e Desenvolvimento de pessoas e da carreira, bem como suas mais diversas formas, seguindo de guia norteador para a melhoria das ações estratégicas dentro das organizações, e com o apoio importante das novas metodologias de ensino e aprendizagem da Educação Corporativa.

O leitor terá, à sua disposição, uma forma de escolha e opção da melhor e mais rentável forma de aprender a planejar a qualificação de trabalhadores. Poderá, ainda, refletir sobre a necessidade da prática constante de processos educacionais, buscando, com isso, a sua não dissociação das mudanças tecnológicas e inovadoras do mundo globalizado e em mudanças constantes.

A mudança inicia nas pessoas e com as pessoas e não somente com as ferramentas cartesianas que objetivam o processo evolutivo da qualidade e produtividade dos produtos e serviços. O incentivo ao aprendizado contínuo é a condição básica para que as empresas aprendam a respeitar a importância das pessoas e, dessa forma, trabalhem com o mesmo objetivo de crescimento sustentável.

Sumário

1

A Evolução do Processo de Treinamento e Desenvolvimento

Breve Histórico sobre as Práticas de Treinamento

Desde os primórdios da humanidade, quando o conhecimento primitivo era transferido aos descendentes para a prática da sobrevivência e permanência da raça humana, as ações de "treinamento" têm se intensificado ao longo da história.

Já no século XX, com o advento da Segunda Guerra Mundial, houve o marco da valorização das "práticas de treinamento"; com os Estados Unidos em guerra, os soldados americanos que foram arregimentados precisavam ser treinados (técnica e psicologicamente) para suportar a pressão do dia a dia das linhas de combate.

Em 1942, pessoas do American Petroleum Institute, localizado na cidade de Nova Orleans, estado americano da Louisiana, reúnem-se para discutir as primeiras iniciativas de treinamento de pessoas que iriam substituir as vagas dos soldados que estavam na guerra, a fim de atenderem às demandas de produção nas fábricas americanas. No ano seguinte, outras pessoas de diversas organizações, que reconheciam também a importância das práticas de treinamento, decidem criar a Americam Society of Training Directors, na cidade de Baton Rouge, no mesmo estado, com a finalidade de garantir a efetividade e permanência dessas iniciativas, além de pensar na disseminação de suas diretrizes para toda a comunidade organizacional do país.

Em 1945, na cidade de Chicago, o que era antes um grupo de pessoas que se reuniam apenas para discutir o assunto treinamento passa a ser considerada uma entidade oficialmente constituída pelo governo americano. No ano seguinte, após a oficialização da entidade e sua primeira convenção, muda-se o nome para Americam Society for Training and Development (ASTD), cujos objetivos tornam-se mais ousados no sentido de profissionalizar, internacionalizar e elevar os padrões e prestígio da profissão de treinamento industrial, e para promover a educação e o desenvolvimento da formação profissional nas organizações de outros países.

Desde então, as práticas de treinamento ao longo da história contemporânea vêm sofrendo transformações e ocupando lugar de destaque nas práticas denominadas gestão de pessoas.

A Evolução do Treinamento Empresarial

A prática do treinamento tem seu registro histórico desde a Idade Média através da mão de obra de mestres artesãos, que ofereciam os conhecimentos que tinham aos seus aprendizes que, por sua vez, desenvolviam as habilidades que lhes eram peculiares. Com o tempo, sua formação era aperfeiçoada.

O tempo era o fiel da balança no processo de educação e aprendizagem nos pequenos negócios, pois o "saber fazer" era metódico, vagaroso e sem muita diferenciação dos demais concorrentes. A estática da economia colaborava para que as pessoas não se preocupassem em melhorar rapidamente os próprios processos de fabricação.

Na Idade Moderna, com a proliferação industrial, as divisões de trabalho e a necessidade de especialização da mão de obra levavam as empresas a massificar os processos de aprendizagem técnica e teórica da sua equipe de trabalho. As máquinas se destacavam no mundo corporativo e a especialização profissional era apêndice para que se obtivesse um melhor desempenho das funções operacionais condizentes a cada fluxo do processo produtivo.

A Revolução Industrial vem sistematizar o processo de habilidade operacional dos trabalhadores nas máquinas e constrói o cenário para o aparecimento da empresa moderna e a legislação que ampara a relação de emprego. É através das transformações mundiais que se define o conceito de trabalhador e a importância do treinamento para a sobrevivência e competitividade das empresas.

Durante a Segunda Guerra Mundial, surge a energia atômica e a Revolução Tecnológica, precedentes para o estímulo aos programas de formação profissional melhor planejado nas empresas. A sofisticação das máquinas e dos equipamentos começa a obrigar as empresas a investirem em treinamento empresarial, sendo primordial para a qualificação do potencial humano e, consequentemente, fator de diferenciação no mercado competitivo.

Nas décadas de 1950 e 1970, a economia mundial exigia que as empresas passassem a ter uma postura mais flexível e dinâmica para se tornarem fortes no mercado. Com isso, as empresas procuravam ferramentas de gestão que sustentassem seus objetivos, de modo que os indicadores de desempenho fossem:

- a melhoria da qualidade e da produtividade;
- a redução dos custos com a produção;
- a reestruturação dos processos produtivos;
- a maximização do tempo;
- a otimização dos recursos disponíveis;
- a capacitação e a qualificação técnica das pessoas.

Algumas ferramentas são exemplos desse contexto:

a) **Reengenharia** – proporciona a reavaliação da empresa a partir da estaca zero e projeta a sua reconstrução com base nos modelos administrativos e de processos já existentes. Com isso, é necessário ter trabalhadores mais qualificados para que sejam executadas atividades diversificadas e com maior complexidade. De outro modo, há uma grande preocupação por parte da empresa em administrar a rotatividade de pessoas, além de proporcionar um clima favorável e a valorização profissional daqueles que continuam. Isso porque a empresa precisa enriquecer o trabalho que agrega valor direto ao produto ou ao serviço prestado, sem prejudicar o fator lealdade e comprometimento por parte dos trabalhadores;

b) **Gestão da Qualidade Total** (TQM, TQC) – esse processo considera a qualidade orientada tanto para os processos de trabalho quanto para a satisfação do cliente final. Todas as pessoas são responsáveis pela qualidade de suas atividades, influenciando direta ou indiretamente nas atividades dos demais trabalhadores do processo. Quando bem administrada e conduzida, provoca um efeito multiplicador de eficiência e eficácia na produtividade empresarial, e o treinamento focado na educação é um das mais importantes variáveis de sucesso da qualidade que valoriza o controle, assegurando a confiabilidade e a segurança do planejamento executado;

c) **Programas japoneses de melhoria contínua** – considera a atitude empresarial premissa básica para a atitude individual dos trabalhadores, isto é, a empresa que entende que a melhoria contínua é favorável para o fortalecimento das suas diretrizes consegue estabelecer uma parceria com a sua equipe de trabalho. As pessoas têm expectativas e querem enxergar os resultados concretos das suas atividades, e pelo exemplo da aprendizagem empresarial, elas podem proporcionar o enriquecimento do seu conhecimento em benefício mútuo, aplicando cada vez mais a melhoria no seu posto de trabalho. A conscientização antes da aplicação sem planejamento é o fator preponderante para a eficácia dos programas de melhoria contínua.

A ferramenta conhecida como *benchmarking* foi entendida como aprendizagem baseada na melhoria dos processos, começando a ser difundida na década de 1980, quando o desenvolvimento organizacional, extrapolando as técnicas de gestão, analisava o processo de comportamento dos agentes de produção, valorizando os aspectos funcionais daqueles que conseguiam resultados positivos. A valorização dos aspectos humanos, além dos técnicos, muda a visão da empresa, que considera o treinamento apenas como uma simples despesa.

As empresas reconhecem o treinamento e o desenvolvimento de pessoas e carreira como um conjunto objetivo de estratégias que, além de técnicas, são também importantes na sua didática, capazes de agregar aos projetos pessoais e empresariais vantagens recíprocas, causando a mudança dos conceitos para os trabalhadores e fortalecendo os objetivos e as ações empresariais, além de ensinar as empresas a aprenderem continuamente.

Na década de 1990 as empresas percebem que, quanto mais aprendem, maior é o seu posicionamento no mercado. A aprendizagem individual cede lugar à aprendizagem coletiva, em que o valor da equipe comprometida com o sucesso da empresa é maior que a soma de cada capacitação individualizada.

No novo milênio, as empresas começam a aprender a rentabilizar o trabalho, de forma planejada, entendendo e implementando uma comunicação eficaz, buscando melhorar o clima organizacional e incentivando o comprometimento das pessoas para o sucesso empresarial, profissional e pessoal.

A formação da sociedade que busca o conhecimento dentro das empresas e o incremento do capital intelectual remete ao entendimento de que a transmissão das ideias e o conhecimento são os pontos-chave da Educação Corporativa. A criação dos cursos profissionalizantes e a abertura de novas escolas técnicas, tecnológicas, de graduação e de pós-graduação contribuem ainda mais para a formação do profissional motivado dentro das empresas.

O treinamento de pessoas proporciona o crescimento profissional e pessoal, tendo em vista o futuro do trabalhador e da empresa. Treinar pessoas é diferente de condicionar através de estímulos de recompensa. Treinar é conscientizar e desenvolver a capacidade das pessoas por meio da aquisição de novas linhas de raciocínio, técnico ou teórico, novas maneiras de comportamentos que venham proporcionar a continuidade no processo de empregabilidade[1]. Os bons profissionais desejam aumentar a sua capacidade de aprendizado através do treinamento, pois sabem que podem evoluir na empresa e também no mercado de trabalho. As empresas que não percebem o valor dessa iniciativa não conseguem o pleno comprometimento desses bons profissionais.

O treinamento e o desenvolvimento devem ser projetados como um esforço planejado e organizado para ajudar os profissionais a desenvolverem melhor suas capacidades dentro das estruturas empresariais. Além disso, as empresas devem reconhecer que elas são as responsáveis por essa transformação, provendo recursos e informações necessárias para atingirem os seus próprios resultados.

Tendências Atuais

A proposta será analisar o conceito de formação profissional nas empresas; os aspectos de ensino e aprendizagem; os processos de tecnologia de informação. São algumas definições para entender, mediante um panorama histórico, tanto no Brasil como em outras localidades, a importância e a necessidade de se adotar uma política de treinamento e desenvolvimento sólida e sustentável.

Atualmente, as empresas se preocupam muito com a sua imagem institucional e mercadológica, o que faz com que encontrem novas alternativas para, dia após dia, melhorarem ainda mais a relação com os clientes e os fornecedores. Nota-se que não basta apenas ter um bom processo de Recrutamento e Seleção que venha trazer o candidato adequado ao perfil da vaga. É preciso ter algo mais que represente o fortalecimento e o comprometimento de ambos na relação de emprego e parceria, ou seja, a valorização dos aspectos de ética e moral do comportamento de ambos e o fortalecimento da aprendizagem contínua, primordial para a retenção de pessoas e a continuidade do negócio.

> "Descobri que as pessoas que atingiram o topo de suas carreiras foram aquelas que tinham um projeto definido, entregaram-se a ele com entusiasmo e energia e trabalharam duro para atingir os resultados desejados." Harry Truman

[1] MINARELLI, J.A. *Empregabilidade: O caminho das pedras*. São Paulo: Gente, 1995.

As empresas sentem a necessidade de ouvir constantemente o seu cliente interno e externo e temendo falhar neste processo aberto de comunicação buscam, por meio de monitoramento e avaliações constantes, identificar os seus pontos positivos e as limitações existentes no que tange ao serviço de qualidade. É através de procedimentos planejados e organizados, delegando responsabilidades para as pessoas participarem e avaliando resultados através de ferramentas gerenciais que as empresas encontram soluções para não apenas ter "o homem certo no lugar certo", mas sim "ter o homem certo, qualificado, preparado e educado no lugar certo".

O treinamento e o desenvolvimento de pessoas e de carreira ganham, a cada dia, mais força e adeptos entre os gestores empresariais. Nesse processo, a relação entre o custo e os benefícios é encarada como uma forma de atualização aos processos de mudanças administrativas, pois qualquer projeto com foco no desenvolvimento da empresa, e consequentemente das pessoas, será viável quando justificado o benefício maior do que o custo do investimento por parte da empresa. Não obstante a isso, é importante que os gestores administrem esta viabilidade, procurando conhecer a sua força de trabalho com o auxílio da área de Recursos Humanos, que concentra o maior número de informações, profissionais, disciplinares e pessoais de todos os trabalhadores da empresa.

> "Todas as pessoas recebem dois tipos de educação: uma que lhes é dada pelos outros e a outra, bem mais importante, que elas se dão a si próprias." E. Gibbon

É importante também que as pessoas estejam motivadas e que não fiquem esperando as coisas acontecerem. A capacidade de as pessoas de se comunicarem com clareza e objetividade deve ser proporcional à sua inteligência e curiosidade por aprender, fatores que diferenciam os profissionais na empresa; a possibilidade de aprendizado contínuo deve ser encarada pelas pessoas como motivação associada à vontade também de trabalhar em equipe.

Embora alguns estudiosos usem as palavras treinamento e desenvolvimento como pontos estratégicos das empresas, elas também são muito utilizadas apenas como fator de aprimoramento das competências e das habilidades operacionais no momento presente. Isso dá margem a inúmeras controvérsias quanto à aplicabilidade correta dentro dos métodos utilizados nos modelos de gestão empresarial.

Em um programa de treinamento eficaz, faz-se necessária uma mudança de atitudes e condutas, ou seja, mudanças comportamentais por parte das empresas e que tragam motivação ao trabalhador, fator indispensável em um programa que deseja resultados rápidos e que forme uma consciência de aprendizado contínuo. Os trabalhadores motivados respondem rapidamente ao incentivo do treinamento e, mais ainda, buscam alternativas para que o treinamento transforme-se em novas oportunidades de desenvolvimento para a sua carreira na empresa.

O treinamento motivacional é uma tendência contemporânea que incentiva o trabalhador a desenvolver competências, habilidades e atitudes proativas para o seu próprio crescimento profissional.

Segundo Marins: *"Motivar é dar motivos para que uma pessoa cresça, vença as vicissitudes da vida"*.

Mas qual é o maior impedimento para que um programa de treinamento motivacional não aconteça? Ou ainda: será que as empresas não entendem que pessoas motivadas respondem em produtividade e qualidade no trabalho? São indagações que levam a área de Recursos Humanos a buscar mecanismos para auxiliar na motivação das pessoas e equipes, manter um certo equilíbrio e uma coesão na elaboração de programas de qualificação profissional e a orientar a empresa e seus gestores nos melhores caminhos para alcançar os seus objetivos com as pessoas.

> "As grandes conquistas que são permanentes e não deixam remorsos são as que fazemos sobre nós mesmos." Napoleão Bonaparte

Os profissionais precisarão ser mais inovadores e criativos e, da mesma forma, as empresas precisarão criar oportunidades para que os trabalhadores não tenham receio em inovar. Em um processo de evolução acelerada no mercado, a inovação é uma das prioridades em relação a racionalização de trabalho, pois uma nova ideia não basta se não for colocada em teste, ou seja, neste momento a eficácia é muito mais importante do que a eficiência nos resultados.

Desafios Gerenciais

No âmbito empresarial, o processo de treinamento e desenvolvimento é largamente utilizado considerando como premissa os objetivos e metas do planejamento estratégico das empresas. O sistema estratégico empresarial que congrega a inter-relação entre trabalho, ciência e tecnologia deve ser compreendido no contexto econômico, político e social em seus múltiplos fatores.

Na história, devemos considerar que a educação profissional, desde a sua mais remota origem, sempre foi reservada às classes menos favorecidas, distinguindo-se, aqui, as populações que produziam o saber (atualmente, o ensino fundamental, médio e superior) e as que executavam as tarefas operacionais e de planejamento (educação profissional).

Machado (1982) relata que *"o termo educação profissional origina-se do Império, pois os primeiros projetos de lei, visando a instituir o ensino de artes e ofícios e preparar o povo brasileiro na educação profissionalizante, surgiram em 1826"*.

Para que não haja confusão entre as terminologias existentes e que, de certa forma buscam qualificar o termo educação, é importante destacar algumas considerações sobre a terminologia.

> Segundo a Lei de Diretrizes e Bases, no seu art. 40, "a *educação profissional será desenvolvida em articulação com o ensino regular ou por diferentes estratégias de educação continuada, em instituições especializadas ou no âmbito de trabalho"*.
>
> O art. 42, § 4º destaca que "*o ensino fundamental será presencial sendo a distância utilizada como complementação da aprendizagem ou em situações emergenciais"*.
>
> Em 1953, diversos autores clássicos da área de Administração, reunidos em Istambul, definiram a palavra treinamento como "*parte da educação que uma pessoa pode receber numa escola ou não, antes ou depois do emprego, e vai ajudá-la a desempenhar bem as suas tarefas profissionais (Pimentel 1966)"*.

Para Chiavenato (2004), *"o treinamento é um tipo de educação especializada que, aplicada no âmbito organizacional, busca dar competências profissionais aos indivíduos"*.

A prática de treinamento empresarial provoca uma sinergia altamente positiva ao traduzir a teoria para a prática das organizações, confrontando a experiência profissional e a social em um processo de aprendizagem em que o conhecimento se transforma em múltiplos de habilidades. O desenvolvimento do profissional ocorre por meio de vários processos de aprendizagem, adquiridos na educação formal e continuada.

Ainda há uma grande confusão em termos de terminologia a ser adotada, pois muitos utilizam a palavra treinamento quando, na verdade, estão aplicando aos seus trabalhadores processos educacionais; e, erroneamente, utilizam a proposta de educação quando estão ofertando aos seus trabalhadores os procedimentos referentes ao treinamento. Talvez essa confusão ainda persista por um longo tempo, pois ainda sentimos que muitas organizações estão buscando adequar-se ao novo panorama no mercado globalizado.

As práticas e as políticas de Recursos Humanos que valorizam o treinamento e desenvolvimento de pessoas e carreira ainda são muito recentes. Os novos conceitos oferecidos pelas empresas de segmentos industriais e comerciais ainda caminham a passos lentos. Constata-se melhora significativa nas atividades de qualificação educacional e profissional dos trabalhadores. Mesmo que as práticas de Recursos Humanos ainda estejam voltadas a uma realidade organizacional em que o produto final pode ser mensurado por gráficos de produtividade, a evidência concreta é que o mundo corporativo já assimilou essa onda de transformação e que, aos poucos, as empresas irão aderir e encontrarão melhores soluções para alcançar os resultados esperados.

Mensurar os benefícios em qualidade de vida, saúde, segurança, oferecidos pelas empresas ainda é o grande desafio para os gestores e para a área de Recursos Humanos. Nesse contexto, encontrar soluções para motivar, qualificar e educar seus trabalhadores torna-se um desafio maior para ambos.

Os gestores realizam suas atividades por meio da força da equipe em que estão inseridos; tomam decisões, planejam seus objetivos e organizam os esforços no intuito de transporem as metas e atingirem os objetivos comuns delineados pela empresa. Os gestores também são responsáveis pela motivação dos trabalhadores, pois dirigem as atividades de outras pessoas; assim, precisam estar abertos ao processo de comunicação para administrarem os conflitos entre as pessoas, o que também representa um grande desafio para a liderança empresarial.

Para garantir que os objetivos sejam alcançados ou que estejam no caminho certo para isso, é desafio dos gestores monitorar o desempenho real em comparação com as metas previamente estabelecidas, orientando rotas e corrigindo desvios quando necessário.

Outro desafio gerencial é se adaptar à diversidade encontrada nas equipes de trabalhadores. A administração de pessoas em um grupo heterogêneo é uma questão importante que deve ser abordada, pois além das diferenças de ideias, projetos de vida, expectativas de desenvolvimento de carreira ou outras, é preciso entender também as diferenças de crenças e valores.

Os gestores são, além de líderes de projetos e pessoas, ouvidores que analisam, conscientizam, orientam os caminhos, aconselham carreiras e cuidam de seus próprios objetivos de desenvolvimento pessoal e profissional.

Mintzberg (2000) observou que os executivos desempenham papéis diferentes, embora altamente interligados, ou conjuntos de comportamentos atribuíveis às suas funções. Observou, ainda, que eles podem ser agrupados de acordo com suas características básicas relativas aos relacionamentos interpessoais, à transferência de informações ou à tomada de decisões:

Em relação ao relacionamento interpessoal, os gestores desempenham papel fundamental e de linha de frente quando estão realizando atividades de condução de pessoas com foco nos objetivos empresariais; de Liderança quando estão contratando, provendo recursos técnicos de treinamento, motivando e monitorando a disciplina dos trabalhadores; de Ligação quando o autor descreve, para os gestores, como se dá o contato com os fornecedores de informações. Essa tarefa pode ser individual ou em grupos, dentro ou fora da empresa. Os gestores que se comunicam dentro da empresa compartilhando informações exercem o papel de Ligação interna. Quando os gestores da empresa compartilham informações com outras pessoas em grupos de trabalho, estão exercendo um relacionamento de Ligação externa.

Tudo deve estar em sinergia com a Informação, de forma que os gestores captem informações relevantes sobre clientes, concorrência, técnicas administrativas, entre outras, com gestores de outras empresas. Para o autor é o papel de monitoramento de informações. Quando o gestor compartilha essas informações com a empresa, é chamado de Disseminador. Porta-vozes são aqueles gestores que representam a empresa em eventos externos.

No momento de decidir, MINTZBERG propõe quatro papéis que podem ser escolhidos pelos gestores:

1) de **Empreendedores**: o gestor inicia e dirige projetos de melhoria na sua empresa;
2) de **Gerenciadores** de turbulências: os gestores delimitam ações corretivas diante de possibilidades de problemas;
3) de **Alocadores** de recursos: os gestores são os responsáveis pela administração dos recursos disponíveis pela empresa (humanos, físicos e financeiros);
4) de **Negociadores**: os gestores discutem alternativas de melhoria para o seu departamento ou unidade de negócio com os demais da sua empresa.

Em outra forma de análise, o autor Robert Katz identifica três competências essenciais para que os gestores sejam hábeis e consigam alcançar os objetivos empresariais: habilidades técnicas, humanas e conceituais:

1) **Habilidades técnicas**: a capacidade de o gestor aplicar seus conhecimentos ou suas especialidades específicas. Todo exercício de atividade empresarial requer algum tipo de habilidade especializada e muitos gestores adquirem esses conhecimentos na prática diária de suas atividades;

2) **Habilidades humanas**: o gestor deve ser capaz de trabalhar com outras pessoas, reconhecendo suas potencialidades, suas limitações e motivando-as de maneira individual ou coletiva. Da mesma forma que os gestores trabalham por meio de outras pessoas, eles devem ser capazes de se comunicar, motivar e compreender as diversidades existentes quando delegarem responsabilidades;
3) **Habilidades conceituais:** a capacidade para analisar e diagnosticar situações de pressão ou de conflitos. Analisar situações, estudar as possibilidades, fazer escolhas, implementar as escolhas e avaliar os resultados obtidos em relação aos esperados dos seus trabalhadores, tudo isso requer essa habilidade conceitual. Os gestores devem avaliar as suas habilidades e desenvolver metodologias que fortaleçam uma a uma para que uma não falhe completamente em detrimento de outra.

Apesar de, ao longo dos tempos, os gestores serem considerados como seres multifuncionais, que devem permanecer atentos às novas técnicas de trabalho, às novas teorias e às novas práticas administrativas, é importante que o gestor desenvolva habilidades interpessoais e humanize os pensamentos. Isso porque, na grande maioria das abordagens dos estudiosos, fica claro que somente o gestor que compreender a necessidade de aperfeiçoamento nos aspectos humanos poderá ser eficaz e alcançar o sucesso com outras pessoas.

Novas Tendências do Processo de Treinamento e Desenvolvimento

Lidar com o ser humano ainda é uma grande incógnita para muitos gestores. Esse problema ainda povoa a mente de muitos que se habilitam a gerenciar, seja em uma organização industrial, seja em uma comercial.

A oferta de material teórico para direcionar melhor as ações do gestor é vasta e pertinente a cada situação de trabalho. Vários autores têm trabalhado para trazer soluções criativas e inovadoras através de ensaios, pesquisas, estudos de caso, testes situacionais, demonstrando para os gestores organizacionais as ferramentas estratégicas que ele têm à sua disposição, pois quanto maior a quantidade e diversidade das informações, menor será a incerteza no momento de decidir.

Elaborar grandes programas ou mesmo aplicar pequenos cursos ou treinamentos para qualificar trabalhadores esbarra, muitas vezes, tanto na burocracia de certas organizações como no chamado "custo". Muitos, frente às grandes dificuldades encontradas pelo sistema contábil e financeiro vigentes no País, veem-se obrigados a postergar a prática de qualificação de seus trabalhadores.

No entanto, o advento dos programas de Qualidade Total, ISO 9000 e outros processos de certificação acabaram forçando as empresas a encontrarem alternativas para minimizar a possibilidade de mau atendimento às expectativas e às necessidades de seus clientes internos e externos.

Em matéria publicada na revista Época Negócios de março de 2007, Aron Belinky, secretário executivo do grupo de articulação das ONGs brasileiras na ISO 26.000, indaga se as empresas estão no caminho da responsabilidade social.

> "...Depois da Gestão da Qualidade (série ISO 9.000) e da Gestão Ambiental (série ISO 14000), a International Organization for Standardization, agora olha para o atualíssimo tema da responsabilidade social", com publicação prevista para 2008. Contribui também dizendo: "Quem estiver fora, tende a ser excluído do novo mundo que buscamos, mais sustentável."

De acordo com esses conceitos, acredita-se que a educação corporativa é um processo de ensino e aprendizagem que se molda às necessidades da organização inteligente e é um condutor de motivação entre os treinandos e os trabalhadores que anseiam por uma oportunidade, premissa básica para o sucesso de qualquer projeto que envolva pessoas. A disposição do trabalhador em querer aprender é a primeira condição para a eficácia do treinamento e do desenvolvimento em uma empresa.

Treinamento é a automatização de uma determinada tarefa ou atividade. O próprio entendimento dos conceitos (educação, ensino e treinamento) facilitará a busca de novos caminhos e novas diretrizes que venham a nortear a busca incessante de conhecimentos, para que se possa, a cada dia, oferecer à população produtos, serviços e atendimento de qualidade.

Acaba-se uma era onde a educação ficava restrita apenas a determinadas classes sociais ou mesmo a determinadas categorias profissionais. O mundo pede, o mercado exige e o profissional sente a necessidade de adequação a isso. O expurgo é inevitável quando nos deparamos com trabalhadores desqualificados e despreparados. Vagas e ofertas de emprego existem, talvez não em grande escala, como em outras épocas, mas a cada vaga ou mesmo a cada oportunidade, há uma cobrança pelo quanto nos qualificamos e nos preparamos (teorias, conhecimentos, habilidades, atitudes e comportamentos, educação) para as mudanças mundiais que estão acontecendo.

Algumas questões são de extrema importância quando o assunto é treinamento dos trabalhadores:

- Como implementar um processo de aprendizagem de forma que o trabalhador sinta-se motivado?
- Como o treinamento pode produzir resultados em uma equipe de trabalho?
- Como ampliar a experiência dos trabalhadores mediante treinamentos?
- Quais os tipos de treinamentos que são mais eficazes?

Segundo Terra (2001), as empresas estão se movendo do paradigma do treinamento para o paradigma do aprendizado, pois já não conseguem determinar, centralmente, quais são todas as habilidades e as competências que cada área ou funcionário precisa desenvolver.

Nesse contexto, o referido autor sintetiza as principais diferenças entre os dois paradigmas.

Em todos os ramos de atividades, aos poucos estão se adaptando, ou melhor, estão encontrando alternativas criativas, viáveis e inovadoras para se adaptarem e não ficarem tão distantes do que acontece. Os gestores já estão adotando uma postura diferenciada e mais condizente à nossa realidade, bem mais focada ao desenvolvimento organizacional e também pessoal e profissional da sua força de trabalho.

Nas práticas adotadas de treinamento e desenvolvimento de pessoas, é importante que as empresas estejam preparadas para as mudanças tecnológicas que estão ocorrendo no mundo corporativo, associadas à visão sistêmica, à tomada de decisão compartilhada, ao aperfeiçoamento dos relacionamentos interpessoais, à liderança capaz de promover mudanças positivas, à negociação ganha x ganha, ao planejamento eficiente e eficaz, à capacidade de empreender novas alternativas de desenvolvimento empresarial e profissional, ao incentivo a criatividade e à inovação.

> "Os empregados têm como principal responsabilidade o aprendizado contínuo e a aquisição da competência necessária aprendendo na prática, uns com os outros, ou por meio de instrução formal. A principal função dos gerentes é o desenvolvimento dos seus empregados. Os gerentes proporcionam um ambiente que reflete os valores e processos de uma organização de aprendizado." (TERRA, 2001 p.150-1 – Xerox do Brasil, documento interno da empresa)

Comparação do Paradigma do Treinamento

Variável	Paradigma do Treinamento	Paradigma do Aprendizado
Visão do processo de aprendizado.	• É um processo estritamente racional. • Depende, em grande medida, da metodologia adotada. • O instrutor desempenha um papel fundamental. • Ocorre, frequentemente, desconectado da realidade. • Ocorre, principalmente, pela absorção de conhecimento explícito.	• É um processo ativo e laborioso que envolve todos os sentidos do corpo. • Envolve o indissociável processo mental e emocional. • Processa-se, em grande medida no subconsciente; daí a importância da intuição e do conhecimento tácito. • Resulta da resolução de tensões e liberação de angústias, principalmente quando envolve avanços importantes. • Depende das experiências, das tentativas e dos erros de cada indivíduo; é um processo social que depende da interação com outros. • Inclui a capacidade de combinar diferentes *inputs* e perspectivas e compreender relações complexas por um permanente processo de reformulação dos modelos mentais e dos mapas cognitivos. • Está associado a mudanças de comportamento.
Método utilizado pelas empresas.	• Programas formais de treinamento. • Treinamento individual por meio de diferentes mídias (inclusive computador).	Os mesmos do paradigma anterior, mais: • Aconselhamento; • Aprendizado em equipe; • *Benchmarking*; • Compartilhamento de ideias e conhecimentos por meio de contatos informais etc.
Conteúdo dos programas formais	• Especialidades funcionais e técnicas gerenciais.	• Especialidades funcionais e técnicas gerenciais. • Estratégias de trabalho.
Fontes de aprendizado	• Instrutores. • Profissionais internos e externos.	• Todos os funcionários da empresa. • Várias fontes detentoras de conhecimento internas ou externas à empresa.
Responsabilidade	• Primordialmente da empresa.	• Compartilhada entre funcionário e empresa, mas, claramente, depende das iniciativas dos funcionários.
Avaliação de resultados	• Pré-testes e pós-testes. • Satisfação dos alunos. • Avaliação formal do grau de aprendizado do conteúdo ensinado.	• Melhorias nos resultados do trabalho.

Fonte: Terra, J. C. C. *Gestão do Conhecimento: o grande desafio empresarial*; São Paulo: Negócio Editora, 2001, p.149

Para melhorar a conscientização e a orientação dos trabalhadores na empresa, é importante desenvolver as competências em atitudes que estejam focadas no aprimoramento contínuo e reunir as pessoas em torno de projetos concretos, metas e objetivos para alcançar eficácia nos processos produtivos, obtendo resultados significativos atrelados à motivação e ao clima favorável dentro da empresa.

Outro fator de diferenciação entre as organizações que desejam o sucesso é o processo de comunicação. Tão antiga e tão desconhecida, a Comunicação é o divisor de águas entre os projetos de desenvolvimento organizacional disseminados e compreendidos pelos trabalhadores e aqueles que são simplesmente comunicados ou divulgados, sem a menor preocupação de saber se as pessoas compreenderam a mensagem.

O Processo da Comunicação eficaz

Muito mais do que uma simples ferramenta administrativa, a comunicação é a fórmula do sucesso duradouro. Nesse contexto, aplicar o processo de comunicação requer dos gestores uma compreensão de toda a sua base conceitual.

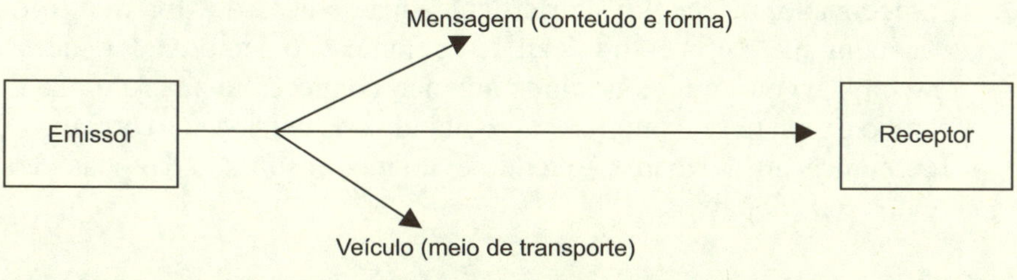

- **Emissor**: responsável pela ideia ou pelo objetivo da comunicação; enquanto estiver no campo das ideias, é possível modificar, apagar, refazer, pois o domínio é interno, ninguém poderá interromper o processo de criação dos objetivos. A partir do momento em que decidir transmitir essa ideia, passa a ter domínio público, sujeito a críticas positivas ou negativas. É extremamente importante que o gestor tenha cuidado quando for se comunicar com o trabalhador ou com a equipe, para que a sua ideia seja compreendida e assimilada de pronto.

- **Receptor**: elemento mais importante no processo da Comunicação, o emissor deve conhecer com quem irá comunicar-se, suas potencialidades e suas limitações quanto ao propósito final da sua ideia. Caso o receptor não compreenda os motivos do emissor, poderão surgir problemas como: "rádio peão", ou seja, a maioria dos conflitos existentes nas empresas está associada à falta de uma comunicação eficiente e eficaz ou em ambiguidades na forma como o emissor aborda o receptor. Ao gestor cabe identificar essas variáveis nos trabalhadores e tirar o melhor proveito quando se comunicar.
- **Mensagem**: o planejamento da comunicação precisa da identificação de uma mensagem objetiva e direta aos interesses do receptor e aos próprios; é importante que exista um conteúdo adequado à compreensão e exprima claramente a ideia do emissor; é preciso que haja a forma, ou seja, configuração e estrutura que facilitem a leitura por parte do receptor.
- **Veículo:** o emissor, além de conhecer o receptor, planejar a sua mensagem, deve escolher o melhor meio de transporte para que a sua mensagem seja captada e reconhecida pelo receptor. Em muitos casos, a mensagem é enviada através do e-mail e, sem que o emissor tenha se preocupado, o receptor tem dificuldades de acesso à Internet, o que faz com que o processo inicial de comunicação demore a ter sucesso. Acontece com muitos gestores que não conhecem a sua força de trabalho e tentam se comunicar acreditando que conhecem o processo da comunicação. Acabam não tendo êxito na transmissão das suas ideias e dos seus objetivos.

Ocorre que muitas empresas e gestores identificam o processo de comunicação apenas com esse escopo. Muito embora hoje a velocidade com que as mudanças acontecem force uma comunicação eficiente, nem sempre o seu propósito se concretiza.

> "Não confio nos que não se comunicam. Eles são a causa de todas as violências." Jean Paul Sartre

A diversidade de pessoas no ambiente de trabalho significa o contraponto para essa ideia de comunicação. Muitas vezes, o que parece óbvio para algumas pessoas não é o óbvio que deveria ser compreendido pelo receptor da mensagem. Assim, perde-se tempo e oportunidades devido à falta de habilidade no trato com a comunicação eficaz.

"As palavras são a droga mais poderosa usada pela humanidade."
Rudyard Kipling

A comunicação eficaz deve ser tratada com uma seriedade maior, pois no ambiente de trabalho existem certos aspectos que interferem diretamente na compreensão de uma mensagem. Um dos aspectos que atrapalha o processo de comunicação são os ruídos no ambiente empresarial, como por exemplo:

- **Audição seletiva**, ou o hábito de ouvir apenas o que interessa no momento, deixando escapar oportunidades enriquecedoras de aprendizado;
- **Falta de interesse**, causada muitas vezes pela falta de objetivos profissionais concretos, ou pela empresa que não consegue entender as expectativas do trabalhador, deixando escapar possibilidades importantes de comprometimento entre as pessoas;
- **Desmotivação**, que embora possa ocorrer em qualquer circunstância dentro e fora do ambiente de trabalho, não é reconhecida pelas empresas, mesmo sendo uma variável importante para a consecução dos seus projetos;
- **Relacionamento interpessoal desgastado**, em grande parte pela maneira com que os gestores conduzem as atividades da sua equipe, ou outra pela falta de propósitos por parte dos trabalhadores;
- **Falta de liderança interna**, fator crítico do sucesso de qualquer empreendimento, causando um desequilíbrio entre a equipe e os objetivos da empresa;
- **Administração centralizadora**, causadora do distanciamento das expectativas na relação de emprego;
- **Falta de participação dos trabalhadores no processo de decisão**;
- **Remuneração**, que é a base de sustentação para o entendimento superior sobre a variável chamada "salário", o elo muitas vezes rompido pela ausência de uma orientação eficaz;
- **Benefícios**, remuneração indireta, que se bem comunicado intervém sobremaneira na manutenção positiva do clima organizacional.

No processo de treinamento e desenvolvimento de pessoas e carreira, a comunicação deve ser compartilhada e prever a atuação dos receptores por meio de sugestões e ideias. Os trabalhadores respondem melhor aos estímulos de aperfeiçoamento profissional quando compreendem os motivos da empresa, consequentemente, esses motivos se encaixam às expectativas deles próprios.

A adesão dos trabalhadores ao processo de treinamento e desenvolvimento requer atenção ao processo de comunicação na sua totalidade e não só uma comunicação de maneira facetada, como muitos ambientes ainda insistem em disseminar.

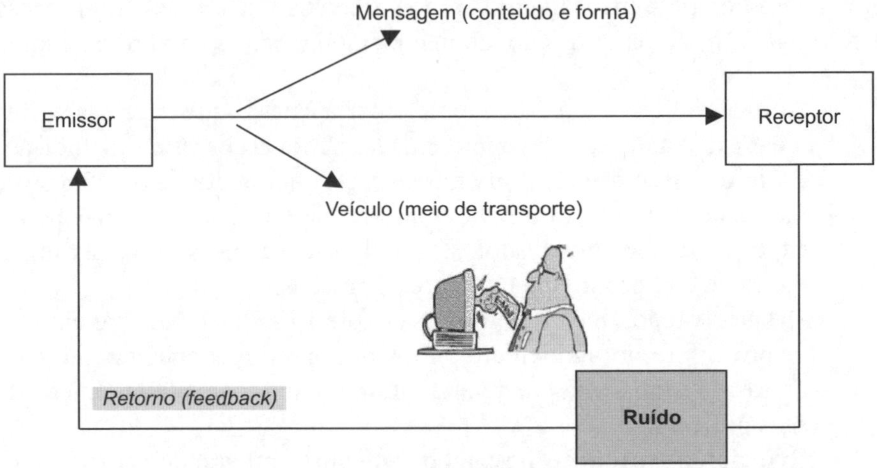

Frases como *"Manda quem pode e obedece quem tem juízo"* ainda imperam em muitas empresas que adotam práticas autocráticas e administração centralizadora, valorizando os processos e a lucratividade em detrimento ao valor da sua força de trabalho.

Comunicar às pessoas o que elas precisam fazer, e elas farão, demonstra um entendimento maior quanto à participação das pessoas na continuidade da missão empresarial. As pessoas entendem o que devem fazer quando recebem informações suficientes para a realização de suas atividades e entendem mais quando reconhecem que a empresa está investindo na melhoria de sua capacitação profissional.

Comunique às pessoas o que elas precisam fazer e elas farão, porém, perguntar se elas entenderam o que foi dito é a frase que representa a consciência eficaz e a compreensão do processo de comunicação. Não há segredos em um processo tão antigo quanto a procura pela comunicação eficaz, embora sejam simples o entendimento e a compreensão; o que há é a dificuldade com que pessoas e empresas encontram para praticá-la hoje.

> "Se a linguagem não é correta, o que é dito não é o que se pretende dizer; se o que é dito não é o que se pretende dizer, o que deve ser feito fica por fazer." Confúcio – 2.500 a.C.

Estudo de Caso 1

Uma empresa do ramo do comércio vem sofrendo uma queda nas vendas de seus produtos. Isso se deve, em parte, às políticas antigas de vendas que privilegiam mais o produto do que o cliente e à falta de uma política de Recursos Humanos que valorize o desenvolvimento profissional dos trabalhadores.

Além disso, a empresa recebeu informações de que o concorrente irá instalar uma filial em seis meses na mesma região. Com esse fato novo, a empresa fez por bem rever as suas práticas administrativas e a sua estratégia mercadológica.

Em uma pesquisa de clima organizacional, constatou-se que a liderança está com problemas quando precisa decidir, e que os trabalhadores não estão correspondendo aos objetivos e às metas da empresa, fatos que contribuem para o descontrole administrativo.

Diante do exposto, deve ser sugerida uma proposta de trabalho em que se restabeleça o equilíbrio administrativo de forma que a valorização dos trabalhadores seja o indicador de competitividade do processo.

2

Mudanças Organizacionais

Diante dos novos modelos de gestão empresarial e definições sobre o planejamento estratégico evidencia-se uma rápida transição entre as escolas de administração e o comportamento das organizações e das pessoas ao longo de décadas. Embora na prática os gestores tenham percebido a importância da valorização do comportamento dos trabalhadores, além dos importantes aspectos técnico e teórico, mesmo assim, perdemos muito tempo, dinheiro e talentos tentando encontrar o melhor modelo de gestão que sustente o investimento do negócio ao longo destes anos.

Até as décadas de 1970 e 1980 as empresas enfatizavam a rentabilidade financeira no seu plano de negócio, deixando de lado os aspectos interpessoais de comportamento humano.

Os novos modelos não são decorrentes, apenas, de variáveis isoladas (economia, política, tecnológica, relacionamento, novas práticas de trabalho etc.), mas de uma interdependência de todas, em uma sinergia positiva, em que a empresa rentabilize também o trabalho.

A força de trabalho hábil e bem treinada responde por grande parte do êxito da empresa frente à concorrência, e os relacionamentos interpessoais positivos garantem grande parte do bom nível de satisfação no clima organizacional. Investir no comportamento dos trabalhadores ainda é um investimento que dá retorno para ao investidor.

Um bom ambiente de trabalho, que motive os trabalhadores, facilita a administração e a manutenção de pessoas capacitadas por parte da área de Recursos Humanos.

Assim, fica o alerta para as empresas que querem ser competitivas: o desenvolvimento organizacional ocorre quando há necessidade de mudanças na empresa. O sucesso está relacionado com o quanto antes a empresa identificar essa necessidade, ou seja, quando perceber que as pessoas devem ser treinadas e a sua carreira desenvolvida; deve haver, ainda, a compreensão dos trabalhadores com vista a buscar novas competências e habilidades técnicas e educacionais.

Drucker (1999) já dizia que *"somente a organização pode oferecer continuidade básica de que os trabalhadores do conhecimento precisam para serem eficazes. Apenas a organização pode transformar o conhecimento especializado do trabalhador do conhecimento em desempenho".*

Nessa abordagem, observa-se que o paradigma de o trabalhador encontrar caminhos para o seu autodesenvolvimento profissional e pessoal carece do complemento que as organizações podem oferecer. O caminho é prover os recursos necessários:

- **materiais**: oferecer ao trabalhador material necessário (instrumental e informações) para o desenvolvimento eficaz de suas atividades. Em muitas empresas, o trabalhador nem sequer possui ferramentas de trabalho e informações suficientes e apropriadas aos resultados esperados pela organização;
- **financeiros**: o trabalhador precisa sentir-se reconhecido pelo investimento oferecido para a empresa. Desse modo, um salário justo internamente e competitivo externamente, formas de recompensa por objetivos alcançados, participação efetiva nos resultados da empresa, incentivos e plano de carreira demonstram a seriedade e o comprometimento da empresa no processo de crescimento do trabalhador nos âmbitos pessoal e profissional;
- **orientação:** ensinar para o trabalhador os caminhos que ele deve seguir, assegurando uma socialização com clareza nas informações; os critérios adotados e bem definidos, comunicação efetiva com único sentido e feedback constante com propósitos compartilhados de permanência e desenvolvimento internos;
- **conscientização**: esclarecer que o trabalhador deve estar disposto a crescer na empresa; humanizar os pensamentos individuais e coletivos para que o objetivo comum seja pertinente e positivo; validar as sugestões apresentadas por aqueles que tenham iniciativa.

Cabe à empresa uma postura inovadora quanto ao apoio aos seus trabalhadores, sem deixar de lado os aspectos de melhoria contínua nas práticas administrativas e valorizando a liderança que promove o diagnóstico de treinamento. Deve-se objetivar a permanência e o desenvolvimento de sucessores internos.

O gestor é consciente de que o ciclo de vida profissional requer planejamento de possibilidades futuras. Além disso, seu legado deve reconhecer essa condição de sabedoria e incentivo aos trabalhadores em uma competição onde os maiores beneficiados serão a coletividade empresarial e a sociedade.

As mudanças organizacionais levam os gestores a questionar a qualidade de seus serviços. A operacionalização das atividades e a cobrança do mercado consumidor, com uma postura mais assertiva dos trabalhadores, levam as empresas a entender que a capacitação e o condicionamento enfatizam mais os resultados comportamentais de troca de conhecimentos ou destrezas do que os operacionais.

Os próprios programas de treinamento que visam ao condicionamento e à incorporação de novas atitudes e comportamentos nos trabalhadores ainda são praticados por instrutores empresariais, cujo objetivo é a execução da tarefa pelo treinando tal como foi ensinado.

Comportamento Organizacional

Desde o início do século XX, discute-se: a eficiência das empresas, suas práticas administrativas, a maneira como tratam os trabalhadores, seu planejamento estratégico e os critérios para atingirem seus objetivos.

A avaliação do desempenho das empresas no mundo, demonstrada através das profundas reflexões por parte dos grandes estudiosos, confirma a contribuição ímpar das habilidades interpessoais dos trabalhadores e o grau de satisfação e comprometimento com o qual as empresas sucumbiriam no mundo corporativo.

As habilidades no trato com pessoas e a forma de condução do processo de comunicação empresarial demonstram o grau de competitividade que uma empresa tem quando pretende alcançar o sucesso.

O comportamento organizacional divide opiniões na investigação dos aspectos individuais e de grupos, além dos recursos materiais e financeiros disponíveis em relação ao comportamento, tanto da empresa quanto dos trabalhadores. O objetivo é utilizar tudo isso a favor do planejamento estratégico de curto, médio e longo prazos da empresa.

O conhecimento adquirido na análise desses aspectos significa os caminhos que a empresa precisa conquistar para se manter viva e pulsante no mercado. A atmosfera da empresa é resultante da boa ou da má administração dos aspectos psicológicos e comportamentais das pessoas dentro de uma empresa, e como isso afeta a eficiência e a eficácia organizacional.

Alguns aspectos importantes são observados na atmosfera empresarial: cargo, salário e remuneração, atividades e responsabilidades, ausências no posto de trabalho, *turnover*, qualidade e produtividade, comportamento humano, relacionamentos, motivação, liderança capaz, comunicação empresarial, desenvolvimento organizacional, administração de conflitos, carreira, estresse, percepção de valor, descritos a seguir:

- **cargo:** contrariando algumas opiniões, o cargo é responsável por grande parte dos acontecimentos bons e ruins no clima de uma empresa. A falta de uma descrição objetiva da importância do cargo no contexto dos objetivos da empresa faz com que o trabalhador não consiga perceber como se desenvolver e como conquistar novas possibilidades na carreira. O cargo é um dos responsáveis pelo elo na relação de emprego e fonte de convergência para a eficácia de um planejamento de treinamento e desenvolvimento de carreira;
- **salário e remuneração:** basta que o salário seja instrumento de comparação dentro da empresa para que o processo de desenvolvimento profissional deixe de ter a importância necessária para o trabalhador. O salário deve ser bem administrado pela área de Recursos Humanos de forma que seja a ferramenta de gestão mais forte na implantação de políticas que evidenciem a valorização da empresa, do profissional e do ser humano. A área de Recursos Humanos é responsável pela orientação e pela conscientização dos trabalhadores, explicando desde o primeiro dia na empresa a diferença entre o salário e a remuneração recebida. Muitas empresas não entendem a importância de demonstrar a relação existente entre o salário contratual e os adicionais correspondentes dele, e abrem possibilidades para perderem talentos importantes;
- **atividades e responsabilidades:** a maneira com que a informação é transmitida aos trabalhadores sobre as suas atividades e responsabilidades, tanto na contratação quanto no desenvolvimento de novas atividades, será o fator crítico do sucesso da produtividade interna da força de trabalho. A falta de informação clara acarreta dúvidas ou controvérsias quanto à percepção do valor das atividades e as responsabilidades delegadas pela empresa. O trabalhador tem que se sentir à vontade para interpretar e compreender o que deve fazer e até onde vai a sua autonomia nas atividades exercidas. Muitos indicadores do clima da empresa se dão por falta de clareza e objetividade nas atribuições profissionais do trabalhador no processo produtivo.
- **ausências no posto de trabalho:** a grande incidência de ausências no posto de trabalho é causada pela falta de orientação e conscienti-

zação dos trabalhadores. A área de Recursos Humanos, responsável pela administração das pessoas na empresa, deve analisar as causas mais frequentes e encontrar soluções para que essas deficiências sejam neutralizadas. Um simples trabalho de apoio aos trabalhadores nos assuntos pontuais de dificuldade pode diminuir as faltas ou os atrasos decorrentes de problemas que poderiam ser resolvidos de maneira mais simplificada;

- ***turnover*:** as entradas e as saídas de trabalhadores na empresa representam a forma como estas administram os seus recursos humanos. Muitas empresas não conseguem mensurar o impacto positivo ou negativo das admissões e das demissões em um determinado período, momento em que se deve valorizar as estratégias empresariais focadas na permanência e na retenção dos trabalhadores como fator importante para a credibilidade da imagem da empresa perante a sociedade. A falta de uma política objetiva e compartilhada de Recursos Humanos pode provocar desmotivação e alto custo de demissões e contratações de novos trabalhadores para substituição;
- **qualidade e produtividade:** a empresa se torna competitiva quando consegue associar a qualidade dos produtos que oferece com a qualidade de seus processos intelectuais e de produção. Não desperdiçar é condição primordial para uma empresa se manter lúcida em seus objetivos estratégicos, e a administração do tempo e dos recursos disponíveis de maneira equilibrada é fator de sustentação da missão e da visão empresarial.
- **comportamento humano:** a empresa se torna vulnerável quando seus trabalhadores não se comportam de maneira proativa e com responsabilidade profissional. Quando as pessoas não encontram motivos para acreditar na empresa onde trabalham, respondem com atitudes e comportamentos contrários aos objetivos macros da empresa. Dessa forma, os gestores são os responsáveis pela administração dos conflitos internos e, como mediadores, devem facilitar o processo de atendimento das ansiedades dos trabalhadores, abrindo canal de comunicação com toda a equipe, evitando desgastes desnecessários como: retrabalho, desmotivação e controvérsias;
- **relacionamentos:** a gestão dos relacionamentos deve respeitar as diversidades existentes na empresa, procurando atingir as necessidades e os desejos dos trabalhadores em relação às expectativas da empresa;
- **motivação:** as realizações pessoais devem vir antes das realizações profissionais, como indicador da motivação do ser humano. As empresas podem incentivar a autorrealização dos trabalhadores por meio de

práticas administrativas compartilhadas com os objetivos de ambos, valorizando o ser humano antes do ser profissional;
- **liderança capaz:** o trabalhador reconhece quando a liderança é capaz de conduzir suas decisões em direção aos objetivos da coletividade. Quando isso não acontece, ou seja, quando os trabalhadores percebem que a liderança é inócua e parcial, a empresa recebe as consequências naturais da falta de comprometimento da força de trabalho;
- **comunicação empresarial:** muitas empresas acreditam que a comunicação descendente é a forma ideal para que se mantenham competitivas no mercado. Porém, quando os trabalhadores não participam sugerindo melhorias, o processo de comunicação empresarial não completa o seu ciclo, proporcionando ruídos e falta de objetividade;
- **desenvolvimento organizacional:** as mudanças precisam acontecer para que ocorra o desenvolvimento organizacional. As empresas devem prestar atenção para que as mudanças sejam estruturadas conforme os recursos disponíveis, e não mudarem e depois organizarem sua estrutura e infraestrutura. Os comportamentos individuais e grupais, muitas vezes, são decorrentes da falta de planejamento.
- **administração de conflitos:** os conflitos devem ser identificados rapidamente e a decisão dos remédios aplicados deve ser planejada e organizadas para refletir o desenvolvimento da empresa e o desenvolvimento profissional dos trabalhadores;
- **carreira:** o desenvolvimento de carreira é a base sólida das vitórias públicas de qualquer profissional. Quando o trabalhador percebe possibilidades de sucesso contínuo, sente-se motivado a galgar novos postos de trabalho. O contrário pode diminuir a autoestima do trabalhador, além de comprometer os objetivos da empresa.
- **estresse:** desde muito tempo estamos vivenciando a pressão causada pela concorrência entre as empresas na busca pela excelência, ficando cada vez mais difícil, para os gestores, administrar suas metas, o que gera muito estresse. A qualidade de vida no trabalho responde por diversos fatores relacionados com o estresse profissional. O trabalhador, quando consciente e orientado em relação ao seu papel na empresa, administra melhor seu trabalho e a sua vida pessoal;
- **percepção de valor:** a influência que uma empresa causa em um trabalhador está relacionada com a valorização que ela deposita nas qualificações profissionais da sua força de trabalho.

As empresas estão cada vez mais pressionadas a administrar as diferenças existentes entre as pessoas, diversidades que influenciam o surgimento, em grande parte, dos conflitos organizacionais, tornando-se o grande desafio dos gestores.

Segundo Robbins (2005), a diversidade entre as pessoas pode ser caracterizada em categorias:

- **sexo**: quase metade da força de trabalho norte-americana é composta por mulheres. Essa porcentagem aumenta na maioria dos outros países. As empresas precisam assegurar que as políticas de contratação e emprego permitam igual acesso a todos, independentemente do sexo;
- **raça**: nos Estados Unidos, a porcentagem de trabalhadores de etnias hispânicas, asiática e afro-americana está aumentando. As empresas precisam assegurar políticas de contratação e emprego que permitam igual acesso a todos, independentemente da raça;
- **origem**: uma crescente porcentagem da força de trabalho norte-americana provém de países que falam outros idiomas. Como os empregadores nos Estados Unidos têm o direito de exigir que a língua falada na organização seja o inglês, podem surgir problemas de comunicação com esses funcionários que ainda não dominam o idioma;
- **idade:** a força de trabalho norte-americana está envelhecendo e recentes pesquisas indicam que cada vez mais trabalhadores pretendem continuar na ativa depois dos 65 anos. As empresas não podem discriminar ninguém pela idade e precisam se adaptar às necessidades dos mais velhos;
- **deficiência física:** as empresas precisam garantir empregos e acessibilidade para os portadores de deficiência física e mental, bem como para qualquer pessoa com problemas de saúde;
- **parceiros:** o número cada vez maior de funcionários homossexuais com parceiros fixos, assim como de casais heterossexuais não casados oficialmente, começa a fazer com que sejam exigidos os mesmos direitos dos dependentes tradicionais;
- **religião:** as empresas precisam garantir tolerância em relação aos costumes, rituais e feriados religiosos dos seus funcionários não-cristãos, como: judeus, mulçumanos, hinduístas etc., bem como assegurar que eles não sofram discriminação por causa de suas indumentárias e aparência.

Analisando as diversidades humanas, as empresas precisam rever a forma como administram ou pretendem mudar sua conduta no trato com os trabalhadores que movimentam a sua economia.

Tratar as pessoas de maneira igualitária é uma decisão inteligente que diminui os conflitos internos na empresa.

Oferecer possibilidades de desenvolvimento igual entre todos é prover recursos para que o clima organizacional se mantenha equilibrado. Quando o processo de comunicação em treinamento e desenvolvimento é administrado de forma clara e objetiva, respeitando as potencialidades e as limitações das pessoas, as perspectivas de criatividade e inovação são favoráveis, contribuindo para a continuidade da missão da empresa.

De outra forma, quando o processo de comunicação é administrado de forma desequilibrada, há propensão de baixa produtividade, desmotivação, alta rotatividade de trabalhadores e os conflitos interpessoais são progressivos e negativos aos interesses da empresa.

Dimensões Organizacionais

As empresas são movidas por pressões contínuas do ambiente institucional interno e do ambiente mercadológico externo. Se os aspectos sociais, políticos, econômicos e tecnológicos fossem estáveis e equilibrados, as empresas não sofreriam com a necessidade de mudanças frequentes para acompanhar a evolução do mundo corporativo.

O desenvolvimento organizacional é consequência das inúmeras transformações que o mundo globalizado impõe às empresas que querem ser competitivas no mercado. A missão, a visão e os objetivos organizacionais, se forem integrados com os objetivos dos trabalhadores, provoca uma diminuição de velocidade das mudanças.

Dessa forma, as dimensões organizacionais representam o ponto importante do planejamento estratégico, que tem o objetivo de reconhecer o plano de ação orientado para a administração da gestão do processo de mudanças da empresa. Porém, quando uma empresa não reconhece as limitações em seus processos de administração, as mudanças ambientais podem provocar as pressões de forma mais agressivas.

Se uma empresa administra o seu negócio de maneira autocrática, sem prever a maleabilidade no processo de mudanças, as potencialidades internas e externas podem sofrer rupturas que acarretam distorções entre os objetivos organizacionais e os objetivos da força de trabalho. O estresse como resultado da desmotivação dos trabalhadores acarreta um retrocesso nos objetivos de competitividade das empresas que buscam o sucesso.

Um programa de desenvolvimento organizacional facilita o entendimento das causas e os efeitos do processo de mudanças. A gestão dos relacionamentos internos e externos é a justa medida inicial para que as empresas consigam adequar-se às exigências do mercado e dos clientes, pois a necessidade de organizar os trabalhos associada aos relacionamentos humanistas ajuda a empresa a entender o quanto é importante que a sua cultura organizacional seja flexível às mudanças.

Qualquer projeto de desenvolvimento organizacional tem como premissa o comprometimento da força de trabalho como consecução de seus objetivos em longo prazo. Os sistemas administrativos e operacionais adotados pelas empresas devem conter a participação das pessoas, mesmo que as mudanças sejam focadas em uma área em que elas pouco atuem.

O comportamento organizacional está contido em uma análise sistêmica de aspectos estruturais e tecnológicos que também influenciam na obtenção do sucesso das empresas. As políticas de Recursos Humanos afetam diretamente o comportamento da empresa no contexto das especializações de trabalhadores, de forma que os programas de treinamento devem estar dimensionados à capacidade produtiva da empresa e aos gestores conhecedores das capacidades e das habilidades da sua força de trabalho.

A área de Recursos Humanos conta com um banco de dados suficiente para que o gestor consiga tomar decisões com bases factuais. Da mesma forma, as informações devem ser atualizadas frequentemente, provendo recursos para que as mudanças não prejudiquem o desenvolvimento das decisões da empresa.

A forma como as empresas administram a sua capacidade produtiva está relacionada em como os programas de treinamento e desenvolvimento são diagnosticados e implementados, atendendo às dimensões da empresa e às necessidades de mercado.

Algumas empresas, focadas nas tendências de mercado, identificam os seus talentos internos e investem no conhecimento e nas habilidades deles, com cursos de aperfeiçoamento interno na própria empresa, uma das tendências inteligentes que dimensiona os cursos às necessidades da empresa. Nesse contexto, as empresas investem o recurso financeiro e de tempo apropriados à sua realidade de negócio, sem perder com ausências ou treinamentos que não agreguem valor ao negócio da empresa.

Outras empresas, que não estão atualizadas com a velocidade das mudanças, perdem em escala com treinamentos superdimensionados às possibilidades da empresa, provocando um desgaste entre o trabalhador, que recebe informações que não atendem às demandas do mercado e às expectativas de produtividade da empresa.

A estrutura e a infraestrutura de que as empresas dispõem facilitam ou dificultam a obtenção de vantagem competitiva. Os níveis hierárquicos administrativos, os sistemas e os processos de trabalho, a comunicação empresarial quanto à missão e à visão da empresa, as políticas de Recursos Humanos, as dependências físicas e as condições de trabalho influenciam direta ou indiretamente o foco das mudanças organizacionais.

A tecnologia também provoca uma superação dos paradigmas empresariais, pois os sistemas operacionais, os métodos de trabalho, os equipamentos, o incentivo às pesquisas, o acesso às informações e o desenvolvimento de produtos capacitam a empresa a encontrar soluções criativas com o suporte necessário para tomar suas decisões rapidamente.

É importante salientar que a administração da estratégia da empresa deve ser conduzida pela alta direção, que deve ser conhecedora de duas dimensões organizacionais e comparar sua atual situação com situações anteriores. O objetivo da implementação de processos de adequação das mudanças às suas dimensões deve prever critérios objetivos de avaliação de resultados, que fornecerá subsídios para o acompanhamento e o controle durante o processo de mudanças empresariais e da força de trabalho.

O trabalho orientado ao desenvolvimento da empresa é um importante passo para a solução de problemas diversos, resultando em planos de ação que interfiram positivamente nos resultados de curto prazo. A empresa deve entender que o objetivo de melhorar sempre o seu desempenho está associado ao objetivo de atingir os índices mais elevados de eficiência e eficácia interna e cumprir sua missão perante os seus beneficiários, ou seja, os sócios, os colaboradores, os clientes, os fornecedores e a sociedade.

Competências Organizacionais

As mudanças que ocorrem no ambiente corporativo provocam a necessidade dos gestores em monitorar constantemente o ambiente externo (*stakeholders*), criando indicadores que permitam assegurar o diferencial competitivo no mercado. Realizando uma análise micro ambiental, as variáveis ou recursos disponíveis pelas organizações podem justificar este diferencial, tais como: finanças, pessoas, processos de trabalho e tecnologia.

De acordo com Gramigna (2007), os indicadores de desempenho podem refletir vantagem competitiva ou também determinar as competências organizacionais, tais como:

- Processos de trabalho e de gestão eficazes e integrados
    - Os processos de trabalho são modelados pelos gestores com foco permanente na maximização de recursos e otimização do tempo, fatores que influenciam no comportamento tanto das pessoas no

ambiente interno, quanto no comportamento do público externo. O processo ágil depende da capacidade das pessoas em produzir resultados e da integração existente entre os diversos departamentos, de forma sistêmica.

- Valor agregado em seus produtos ou serviços percebidos pelos clientes
  - A qualidade assegurada pelas pessoas no ambiente interno reflete a segurança do público externo em adquirir produtos ou serviços oferecidos pela empresa. A percepção de valor com que os clientes reconhecem essa qualidade pode ser o grande diferencial competitivo entre as organizações que operam no mercado.

- Administração financeira que permita investimentos em inovação
  - A capacidade de administração dos recursos financeiros pode viabilizar investimentos em inovação e desenvolvimento profissional das pessoas em suas atividades.

- Oferta permanente de diferencial aos seus clientes
  - Os clientes buscam das organizações soluções que atendam e até superem as suas expectativas de consumo. Quando há investimento no desenvolvimento das pessoas no ambiente de trabalho, o resultado do trabalho pode refletir na qualidade reconhecida pelos clientes.

- Comprometimento e envolvimento dos colaboradores no seu desenvolvimento
  - É importante discutir e refletir sobre os fatores que atraem os colaboradores em seu ambiente de trabalho. O comprometimento e envolvimento dos colaboradores estão atrelados a um conjunto de condições, tais como: estabilidade, oportunidade de carreira, possibilidade de crescimento profissional, benefícios, entre outros incentivos.

- Reconhecimento de sua excelência no ambiente interno e externo
  - O gestor de pessoas precisa questionar e empreender esforços para que a equipe de trabalho esteja em constante desenvolvimento, incentivando, desafiando e delegando responsabilidades de forma que as pessoas possam justificar as oportunidades que a empresa possa oferecer.

A integração entre os diversos indicadores de desempenho que geram essas competências torna-se um processo de enorme impacto nos resultados organizacionais.

Necessidade de Mudanças

Desde o início da década de 1990 as empresas mundiais vêm passando por um violento processo de competição acelerada, e a única forma de sobreviver nesse cenário é mudar sempre que o mercado exigir. Adaptar-se às tendências é, atualmente, condição básica para as empresas que permanecem vivas e sonhando em conquistar uma fatia desse mercado competitivo.

As políticas da área de Recursos Humanos que são orientadas para a atração e retenção dos trabalhadores também vêm sofrendo com o processo de mudanças. Os investimentos na qualificação da mão de obra são cada vez maiores e necessários, inclusive com novos cursos que traduzam as mudanças, como: redação e leitura, comportamentais, administração do tempo, cálculos e outros que fujam da normalidade de tempos passados, como aqueles apenas técnicos.

Os avanços tecnológicos estão alterando a forma de trabalho das empresas, em que o computador é artigo de necessidade básica para a maioria da força de trabalho. A Tecnologia de Informação está escrevendo suas páginas no mundo corporativo e cada vez mais as pessoas estão dependentes dessa tecnologia.

As demandas quanto às novas formas de trabalho já pressionam os profissionais da área de Recursos Humanos; consequência disso são as novas formas de Recrutamento e Seleção de trabalhadores. Antes, as diversas ferramentas de avaliação do desempenho do candidato eram pautadas em entrevista pessoal, testes psicológicos e dinâmicas de grupo. Atualmente, o planejamento da contratação não pode mais suportar um tempo tão grande para a decisão final.

O mundo vive a era das tendências e as empresas estão se conscientizando que a competição está fazendo com que elas sejam mais ágeis, desenvolvam novos produtos e novidades que atraiam a atenção dos consumidores. No âmbito interno, as empresas precisam inovar em suas práticas administrativas e de trabalho com estratégias flexíveis, contando com a sua força de trabalho de forma a conseguir adaptar-se às novas condições de mercado.

As empresas tiveram que se adaptar a um mundo que vivencia uma transformação violenta de mudanças globais, o que provoca certo medo nas pessoas. Quando isso é identificado, o gestor precisa criar habilidades especiais para suportar a complexidade do desenvolvimento pessoal antes do desenvolvimento profissional. Lidar com tal paradigma social é condição básica para que as empresas consigam adquirir as competências necessárias a fim de enfrentar as mudanças internas.

As mudanças externas e suas variáveis competitivas vão determinar que as empresas procurem planejar suas ações com foco no julgamento prévio da realidade corporativa mundial, e tanto a empresa como os trabalhadores estarão posicionados estrategicamente, antecipando as ameaças e criando as oportunidades de negócio. A forma de olhar para o futuro com a certeza de conhecer o seu passado e presente é o que difere as empresas inteligentes daquelas que não têm um referencial de vida.

O planejamento de estratégias que se apoiam nos cenários ambientais contribui para que as mudanças sejam absorvidas sem estresse, pois a convergência entre a melhoria da capacidade de adaptação das empresas ao mercado deve evidenciar a mudança de comportamento dos trabalhadores perante o novo cenário.

O sucesso ou o fracasso de uma empresa deve-se ao seu planejamento das possibilidades de mudanças, que podem afetar o desenvolvimento da capacidade de realizar o seu negócio e a administração da interação dos seus trabalhadores no desenvolvimento das suas competências, capacidades produtivas e satisfação no trabalho.

Paradigmas da Mudança Organizacional

Um dos paradigmas mais antigos da administração de empresas é a resistência às mudanças. Desde os primeiros estudos sobre as práticas organizacionais, existe a previsibilidade de que, em algum momento, tanto a própria empresa quanto os trabalhadores irão divergir em determinada situação ou posição.

Grande parte dos conflitos existentes nas empresas está associada à falta de clareza e objetividade no processo de comunicação empresarial. Da mesma forma, os trabalhadores também podem ser o principal agente dessa resistência, como, por exemplo, não concordarem com alguma alteração no processo de trabalho, mudanças na relação de poder e autoridade, culminando com discussões, troca de ideias e sugestões até chegar em um determinado consenso, o que não necessariamente significa uma unanimidade.

O paradigma da resistência atrapalha o desenvolvimento organizacional e desacelera o ritmo das mudanças. Em muitos casos, a resistência às mudanças ocorre de forma velada, quando o trabalhador, ao se encontrar contrariado com determinada mudança, diminui a sua produtividade progressivamente (operação tartaruga) e, sem se fazer notar, incentiva os demais colegas ao ostracismo, em uma demonstração de falta de comprometimento com os objetivos da empresa. Outra forma é a incisiva, em que o trabalhador protesta de forma aberta e excita a paralisação dos trabalhos de forma ampla e autocrática, provocando prejuízos diretos para a empresa e para ele próprio.

A administração desse conflito é muito difícil e delicada, e os trabalhadores são o motor do processo de competitividade da empresa; os gestores precisam de muita cautela para identificar o foco da resistência sem cometer nenhuma injustiça que seja indissolúvel e que cause desmotivação a todos. Depois de identificado o foco da resistência, é importante diagnosticar a causa do conflito e analisar todas as situações antes de decidir o meio de correção. A intervenção no conflito deve ser rápida e informativa, e não deixar nenhuma dúvida quanto à comunicação utilizada. Tanto a empresa quanto os trabalhadores não devem sair desse conflito com resquícios que possam culminar em reincidências.

Robbins (2005) sugere seis táticas que podem ser usadas pelos agentes de mudança para enfrentar resistências. São elas:

- **educação e comunicação**: a resistência pode ser minimizada por meio da comunicação com os trabalhadores, de forma a ajudá-los a compreender a lógica da mudança;
- **participação**: é difícil que uma pessoa resista a uma mudança se tiver participado de sua decisão. Antes que a mudança seja feita, devem-se inserir no processo decisório os que se opõem a ela;
- **facilitação e apoio**: os agentes de mudança podem oferecer uma série de esforços apoiadores para reduzir a resistência;
- **negociação**: outra forma de o agente de mudança lidar com a resistência potencial é trocar algo valioso pelo afrouxamento da resistência;
- **manipulação e cooptação**: a manipulação refere-se às tentativas de influência disfarçadas, à distorção dos fatos para torná-los mais atraentes, à sonegação de informações indesejáveis e à criação de falsos rumores para induzir os trabalhadores a aceitar as mudanças. A cooptação é a mistura de manipulação com participação. É uma tentativa de "conquistar" os líderes dos grupos de resistência oferecendo-lhes papéis-chave nas decisões sobre as mudanças.

Robbins (2005) também identifica as fontes de resistência individual e organizacional à mudança.

Fontes da resistência individual

- **hábitos**: criamos hábitos ou respostas programadas para enfrentar a complexidade da vida. Quando nos defrontamos com a mudança, essa tendência de responder de acordo com o costume transforma-se em fonte de resistência;
- **segurança:** as pessoas com elevada necessidade de segurança costumam resistir à mudança por se sentirem ameaçadas;
- **fatores econômicos:** as mudanças nas tarefas ou nas rotinas estabelecidas podem suscitar temor em relação às finanças quando uma pessoa acha que não será capaz de apresentar o mesmo desempenho de antes, especialmente quando a remuneração é vinculada à produtividade;
- **medo do desconhecido:** a mudança faz o conhecido ser trocado pela ambiguidade e pela incerteza;
- **processo seletivo de informações:** as pessoas processam seletivamente as informações para manter suas percepções intactas. Elas só ouvem o que querem ouvir. Ignoram informações que possam desafiar o mundo que construíram.

Fontes de resistência organizacional

- **inércia estrutural**: as organizações possuem mecanismos internos, como seu processo de seleção e as regras formais, que produzem estabilidade. Quando uma organização se confronta com a mudança, essa inércia estrutural age como um contrapeso para sustentar a estabilidade;
- **foco limitado de mudança**: as organizações são formadas por diversos subsistemas interdependentes. Você não pode fazer mudanças em um deles sem afetar os demais. Dessa forma, mudanças limitadas aos subsistemas tendem a ser anuladas pelo sistema mais amplo;
- **inércia de grupo**: mesmo que os indivíduos queiram mudar seu comportamento, as normas de grupo atuam de forma limitadora;
- **ameaça à especialização**: as mudanças nos padrões organizacionais podem ameaçar a exclusividade de alguns grupos especializados;
- **ameaça às relações de poder estabelecidas**: qualquer redistribuição de autoridade para a tomada de decisões pode ameaçar as relações de poder já estabelecidas dentro da organização;
- **ameaça às alocações de recursos estabelecidas**: nas organizações, os grupos que controlam recursos consideráveis frequentemente veem a mudança como uma ameaça. Eles costumam se contentar com as coisas do jeito que estão.

Os gestores das empresas são os facilitadores do processo de desenvolvimento organizacional. São eles que têm o árduo papel de administrar esse cenário tão conflitante, conscientes de que devem ir ao extremo para minimizar os efeitos das crises internas das organizações.

Implementando a Mudança Organizacional

As mudanças organizacionais são eventos que modificam o status e a posição das pessoas que são resistentes ao processo de desenvolvimento. Muitas vezes, essas pessoas atuam como agentes de problemas e não conseguem se adaptar ao ambiente dinâmico, à velocidade e ao volume de alterações que a competição de mercado exige.

Em muitos casos, implementar mudanças passa por uma reformulação drástica e radical dos conceitos e das práticas de planejamento até então tidas como importantes às características da empresa. Frequentemente, os gestores empresariais buscam nos trabalhadores mais experientes fonte de orientação e aconselhamento sobre os aspectos comportamentais dos demais trabalhadores a fim de facilitar a transição entre o momento atual e o proposto na mudança.

Muitas empresas, por acharem que conhecem a sua força de trabalho, implementam processos de mudanças sem uma base de sustentação planejada. Dessa forma, acabam sucumbindo aos problemas de conflitos ou desmotivação daqueles que poderiam ser os agentes de mudança. Esse quadro compromete a empresa e os próprios trabalhadores.

Segundo Kurt Lewin, *"a administração da mudança organizacional seguia o modelo de três etapas: descongelamento, movimento e o recongelamento"*.

- **descongelamento**: o processo de mudança passa pelo reconhecimento de que existe um estado de equilíbrio entre o planejamento estratégico da empresa e o comportamento dos trabalhadores. É importante diagnosticar os comportamentos que exercem forças contrárias ao status quo, aqueles que devem ser estimulados a reduzir a sua força daqueles que são a favor da alteração do estado de equilíbrio, impulsionando a empresa a atingir os seus objetivos, o que deve ser estimulado e valorizado;
- **movimento**: o descongelamento do estado de equilíbrio pode ser estimulado por meio de políticas positivas, que incentivem a produtividade e recompensem pelo esforço das pessoas (remuneração variável, adicionais, benefícios melhores, possibilidades de novos desafios no emprego etc.). As fontes de resistência podem ser alvo de orientação e aconselhamento sobre os benefícios da mudança e tentar capitalizar

indivíduos ou grupos para "jogar no time" da empresa, aumentando a forma de atratividade do movimento de mudanças;

- **recongelamento:** implementada a mudança, as empresas devem dimensionar o novo equilíbrio entre as forças que são restritivas às mudanças e as forças que propulsionam o processo, mas com o foco maior e orientação para a situação proposta no planejamento estratégico da mudança, ou seja, forçando a diminuição das resistências.

Segundo John Kotter, *"existem os erros mais comuns dos executivos empresariais no início do processo de mudanças: a incapacidade para criar um senso de urgência para a necessidade da mudança; a incapacidade de criar uma coalizão para administrar a mudança; a ausência de uma visão para a mudança e a ineficácia de sua comunicação; a incapacidade de remover obstáculos para a conquista da visão; o fracasso na fixação de metas de curto prazo factíveis; a tendência a declarar a vitória cedo demais; e a falta de ancoragem da mudança na cultura da organização"*.

Ele também estabeleceu os oito passos para a implementação de mudança; peculiarmente, uma captação e extensão da proposta do modelo de Kurtin Lewin:

— estabelecer um senso de urgência para gerar uma razão motivadora pela qual a mudança seria necessária;
— formar uma coalizão com força suficiente para liderar a mudança;
— criar uma nova visão para direcionar a mudança e de estratégias para que ela seja conquistada;
— comunicar a visão em toda a organização;
— dar autonomia aos outros para a busca da visão, removendo barreiras e encorajando as pessoas a assumir riscos e soluções criativas para os problemas;
— criar, planejar e recompensar metas de curto prazo que encaminhem a organização para a nova visão;
— consolidar as melhorias, reavaliar as mudanças e fazer os ajustes necessários nos novos programas;
— reforçar as mudanças por meio de demonstração do relacionamento entre os novos comportamentos e o sucesso da organização.

As empresas precisam romper essa barreira de conflitos e transformar em oportunidades de melhorias os seus propósitos tangíveis de rentabilidade do negócio. Devem substituir antigos modelos e práticas de gestão por outro que valorize a formação profissional dos trabalhadores associada aos valores de comportamento e educação.

Com a velocidade da competição, a evolução dos negócios e a tecnologia contribuindo para que o processo de mudança aconteça em larga escala, percebe-se que o ambiente afeta diretamente o desenvolvimento organizacional e o processo de melhoria contínua, inclusive para o aperfeiçoamento e o desenvolvimento das pessoas e da possibilidade de carreira da força de trabalho.

O treinamento integrado nas necessidades técnicas, teóricas e comportamentais dos trabalhadores e o desenvolvimento dos objetivos organizacionais são pontos de extrema relevância do diferencial de competitividade entre as empresas inteligentes que buscam o sucesso.

Estudo de Caso 2

Após a implementação de novas propostas administrativas e de valorização dos trabalhadores, a empresa passa por um processo de modernização e profissionalização das suas práticas e de seus processos de trabalho, das suas políticas mercadológicas, entendendo que o trabalhador é um parceiro importante desta mudança.

A cultura organizacional passa, também, por uma reavaliação de seus valores e dos seus objetivos de negócio. Assim, proporciona com isso um investimento em suas instalações e propõe à área de Recursos Humanos uma estratégia para não se abater com a possível rotatividade de trabalhadores frente às investidas do concorrente.

Nesse contexto, a área de Recursos Humanos necessita conhecer o ambiente externo e buscar soluções criativas e inovadoras de trabalho que valorizem cada vez mais a participação dos trabalhadores nos resultados da empresa.

A empresa necessita da sua ajuda para identificar o melhor caminho para tornar e manter a sua credibilidade junto ao mercado e de sua força de trabalho.

Como conseguir mudar a cultura organizacional e, ao mesmo tempo, encontrar saídas para que os trabalhadores encarem a empresa como viável?

3

Gestão do Conhecimento

Desde os primórdios da humanidade as pessoas procuram compreender e descobrir formas de diferenciação do "saber" para conquistar a confiança de outras pessoas. Nos últimos 500 anos, estudiosos procuram explicar as causas da diferenciação em termos de conhecimento de pessoas, organizações e países e entender suas características mais importantes.

Segundo Drucker (1999), *"a informação representa dados interpretados, dotados de relevância e propósito"*.

Nonaka e Takeuchi (1997) observam que *"o conhecimento, diferentemente da informação, refere-se a crenças e compromisso. Para tornar-se uma empresa que gera o conhecimento (knowledge creating company), ela deve entender as características competitivas do mercado que interferem na sua vida e buscar compartilhar experiências dentro do ambiente de trabalho por meio da socialização de práticas e ideias"*.

Segundo DAVENPORT e PRUSAK (1998, p. 6), *"o conhecimento pode ser comparado a um sistema vivo, que cresce e se modifica à medida que interage com o meio ambiente"*. Os valores e as crenças integram o conhecimento, pois determinam, em grande parte, o que o conhecedor vê, absorve e conclui a partir das suas observações.

Segundo NONAKA & TAKEUCHI (1997, p. 79), para se tornar uma *"empresa que gera conhecimento" (knowledge creating company)* a organização deve completar uma 'espiral do conhecimento', espiral esta que vai de tácito para tácito, de explícito a explícito, de tácito a explícito, e finalmente, de explícito a tácito. Logo, o conhecimento deve ser articulado e então internalizado para tornar-se parte da base de conhecimento de cada pessoa. A espiral começa novamente depois de ter sido completada, porém em patamares cada vez mais elevados, ampliando assim a aplicação do conhecimento em outras áreas da organização.

ESPIRAL DO CONHECIMENTO

Competição externa

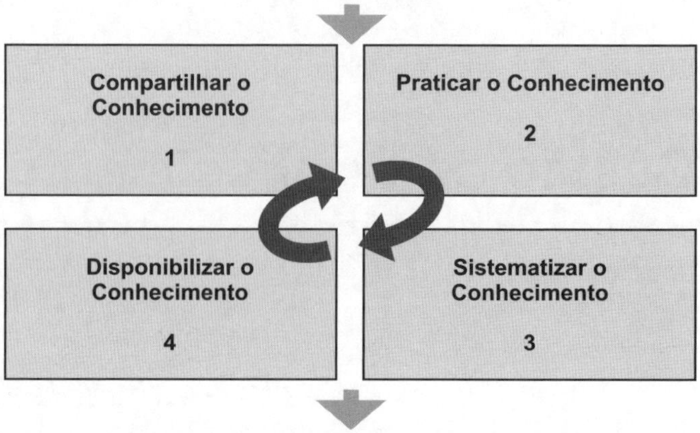

Cooperação

Adaptado de NONAKA, I. & TAKEUCHI, H., (1997, p. 80)

1) **Socialização** – é o compartilhamento do conhecimento tácito por meio da observação, imitação ou prática (tácito para tácito);
2) **Externalização** – é a conversão do conhecimento tácito em explícito e sua comunicação ao grupo (tácito para explícito);
3) **Combinação** – padronização do conhecimento, é juntá-lo em um manual ou guia de trabalho e incorporá-lo a um produto (explícito para explícito);
4) **Internalização** – é quando novos conhecimentos explícitos são compartilhados na organização e outras pessoas começam a internalizá-los e o utilizam para aumentar, estender e reenquadrar seu próprio conhecimento tácito (explícito para tácito).

DRUCKER (1999) já alertava: *"Somente a organização pode oferecer a continuidade básica de que os trabalhadores do conhecimento precisam para serem eficazes. Apenas a organização pode transformar o conhecimento especializado do trabalhador do conhecimento em desempenho" (p. 40).*

Algumas questões e desafios a vencer:

a) como mapear o conhecimento, as competências individuais existentes nas empresas?
b) onde se encontram as *"expertises"* e habilidades centrais da empresa?
c) como facilitar e estimular a explicitação do conhecimento tácito dos trabalhadores?

d) como atrair, selecionar e reter pessoas com as requeridas competências, habilidades e atitudes?

e) como manter o equilíbrio entre o trabalho em equipe e o trabalho individual e entre o trabalho multidisciplinar e a requerida especialização individual?

f) como utilizar os investimentos em informática e em tecnologia da comunicação para aumentar o conhecimento da empresa e não apenas acelerar o fluxo de informações?

g) quais sistemas, políticas e processos devem ser implementados para moldar comportamentos relacionados ao estímulo à criatividade e ao aprendizado?

h) como incentivar e premiar o compartilhamento de conhecimento e desencorajar que as pessoas guardem o conhecimento para si próprias?

i) como tornar a empresa aberta ao conhecimento externo? Como ampliar e capturar o fluxo de conhecimentos, *"insights"* e ideias provenientes de clientes, parceiros, fornecedores e da comunidade em geral?

O que deixa claro é que o conhecimento é um processo de criação, aprendizagem, análise e renovação de ideias, o que significa que, para as empresas, é importante o incentivo constante no compartilhamento deste ciclo de melhorias do conhecimento como fonte de valor para a manutenção da competitividade empresarial.

As pessoas devem compartilhar o conhecimento de modo a equilibrar as forças internas e acelerar o seu processo de crescimento e capacitação. É importante articular, de forma sistêmica, o conhecimento adquirido para os demais grupos da empresa. O conhecimento deve ser padronizado de forma a ser incorporado ao produto.

No Brasil, desde 1990 o que era conhecido como experiência e inteligência passam a ser chamados de conhecimento, deixando, dessa forma, de fazer parte de uma simples fase para responder ao processo da Qualidade, para ser parte integrante do planejamento estratégico organizacional.

A estratégia de uma empresa, quando reconhece a importância do conhecimento, passa a acelerar o ritmo de desenvolvimento e transformações, característica da velocidade do ambiente mundial. Além disso, fortalece a disposição da empresa e dos trabalhadores em aprimorar suas competências.

Muitas empresas têm dedicado grande parte do seu tempo na tentativa de gerenciar o conhecimento e, muitas vezes, sucumbem pelo não entendimento da sua origem e da sua finalidade. As Instituições de Ensino, berço antigo das práticas do conhecimento, ensinam a satisfação e a preocupação quanto aos atributos da aprendizagem desde a sala de aula. Os modelos de ensinamentos atribuídos nas empresas nem sempre traduzem a essência do saber e o do aprender o saber.

A administração do tempo também é um parceiro indispensável do conhecimento. O Brasil é um país que percebe hoje o hiato existente de conhecimento em relação aos países desenvolvidos, provocado pela demora da abertura dos mercados internacionais. A avalanche de informações que chega todos os dias, a Internet e a telecomunicação forçam as empresas e as pessoas a aprenderem mais e multiplicar o seu aprendizado com a mesma intensidade de força.

No entanto, as empresas também perceberam que não adianta se iludir planejando nada que não tenha condição essencial no conhecimento como ferramenta estratégica. O fato concreto é que todos estão em uma via expressa onde a velocidade não é controlada e sobrevive aquele que capitalizar o conhecimento e conseguir se adaptar às oportunidades que o mercado mundial oferece.

Os produtos estão tanto dentro quanto fora do país e as pessoas podem adquiri-los em um "clicar" no teclado do computador. A proximidade da concorrência está menor e os espaços físicos, cada vez mais parecidos; portanto, um dos fatores de diferenciação das empresas competitivas é a forma como percebem o valor do conhecimento e de como oferecem ao consumidor os seus produtos.

As pessoas fazem parte desse universo de possibilidades, pois aquele que conseguir tratar as informações com inteligência abrirá portas para o sucesso profissional. Da mesma forma que o tempo é algo muito perecível, o conhecimento é rapidamente transformado e aperfeiçoado. Por outro lado, a empresa é o "fio" condutor da motivação dos trabalhadores que procuram crescimento e desenvolvimento de seus projetos pessoais e profissionais.

A disseminação do conhecimento nas empresas deve ser proporcional à velocidade com que as mudanças acontecem no âmbito interno e externo. Alcançar o conhecimento significa antecipar as ameaças e criar um leque de oportunidades que iniba a ocorrência de dificuldades com o planejamento estratégico e converta essa ferramenta tão importante em criatividade, inovação e produtividade.

Estamos vivendo em um mundo onde o conhecimento é uma importante parte do motor que movimenta a economia, em que o gerenciamento das diversas formas de conhecimento é determinante para que as empresas se sobressaiam diante da concorrência. O grande desafio das empresas está em como planejar, organizar e quantificar o seu conhecimento e fazer com que ele não se deprecie em curto prazo. Os efeitos desse descaso podem acarretar prejuízos enormes aos objetivos traçados em longo prazo e a consequência disso é a alta taxa de mortalidade das empresas e o desemprego de muitos trabalhadores.

O sucesso das empresas reside no gerenciamento eficaz do conhecimento estratégico e no provimento de recursos para que os trabalhadores se desenvolvam e aperfeiçoem os seus conhecimentos; afinal, a adoção de treinamentos planejados e a implementação de inovações nas práticas administrativas melhoram, em muito, as possibilidades de êxito das empresas em seus empreendimentos.

Reconhecendo os vários indicadores de investimento no conhecimento, o resultado eleva o nível de desenvolvimento tanto das empresas quanto dos que dela dependem e investem seu potencial e suas expectativas.

A Gestão do Conhecimento consegue fazer com que as empresas possam avaliar os resultados com mais propriedade de sua eficácia nos produtos e serviços, administrar as informações, conhecer melhor os clientes e fornecedores e gerenciar o crescimento do conhecimento.

Outros desafios que as empresas precisam vencer são: identificar, de forma eficaz, as competências e as habilidades das pessoas, estimular que os trabalhadores exerçam seus conhecimentos, adotar políticas que recompensem justamente esse esforço, motivar os trabalhadores à criatividade e inovação.

Capital Intelectual

O estímulo, a manutenção e o desenvolvimento das competências necessárias para o sucesso do negócio tornaram-se um desafio dos gestores de pessoas nesses novos tempos. Ao gestor resta a incumbência de dominar as técnicas, as teorias, a condução da ação, as ferramentas que delimitam as atividades e criar oportunidades de aprendizagem para aumentar a capacidade produtiva dos trabalhadores.

O objetivo é que os trabalhadores possam adquirir conhecimentos para o aprimoramento da prática do seu dia a dia. Essa dinâmica proporciona maior poder de assimilação e acelera o processo de aprendizagem, evitando, com isso, perdas ou retrabalho.

A gestão por competências é outra iniciativa das empresas inteligentes, cujo objetivo é captar e administrar as informações relativas aos conhecimentos das pessoas. Assim, permite-se que a empresa mapeie as experiências e analise todas as possibilidades para ampliar e aprimorar a capacitação interna dos trabalhadores.

A importância da matéria-prima "conhecimento" não menos que os materiais, estruturais, financeiros e tecnológicos, verificada através dos indicadores de desempenho e competitividade das empresas, é amplamente discutida por estudiosos e empresários. O capital intelectual é a aglutinação de todo o conhecimento dos trabalhadores da empresa, e o resultado matemático deve revelar a diferenciação competitiva das empresas.

Não se pode negar que a moeda de troca no mercado de trabalho intensificado desde a abertura dos mercados internacionais no Brasil tem sido o diferencial de conhecimento que as pessoas podem oferecer para suportar a continuidade do planejamento estratégico empresarial.

A inovação dos produtos e dos processos, os fluxos de informação dentro e fora das empresas e a atualização de tecnologias requerem a participação direta do conhecimento para criar novas oportunidades de desenvolvimento e gestão de alta performance.

O conhecimento é preponderante para o crescimento das capacidades das pessoas em melhorar sempre as suas possibilidades e aumentar a produtividade da empresa. A pessoa que antes era conhecida como empregado, colaborador, trabalhador, parceiro do negócio representa, hoje, o ativo mais importante de uma empresa. Como ainda não se encontrou uma forma de contabilizar o conhecimento adquirido no balanço da empresa, esse atributo é o desafio permanente das empresas que querem crescer.

O movimento de aprendizagem contínua observada com o crescente aumento de cursos de treinamento corporativos e nas instituições de ensino vem determinando que as pessoas estão buscando o conhecimento e se organizando para desenvolverem suas competências e brigarem por cargos melhores às suas pretensões. É um círculo virtuoso de aspirações futuras e as empresas não podem ficar alheias a essas vantagens.

A aprendizagem é, então, o resultado do investimento na inteligência de seus trabalhadores e transformado em conhecimento, que gera as vantagens competitivas para a empresa e desenvolvimento de possibilidades de carreira para os trabalhadores.

Capital Organizacional

Nos últimos anos, as empresas passaram a perceber a importância de rever os seus próprios conceitos e modelos administrativos de gestão para sobreviverem no mercado, tornarem-se mais competitivas, agregarem valor ao negócio e atingirem a sua missão.

Os modelos de gestão trazem em comum uma forte orientação para os clientes e adotam a participação dos trabalhadores nas decisões internas, procurando substituir o paradigma do passado de uma estrutura extremamente funcional para uma estrutura horizontalizada, que estimula menores níveis de hierarquia e liderança. Esse modelo dissemina uma cultura de aproximação entre os níveis, criando facilidades, rapidez e comprometimento para o desenvolvimento organizacional.

As empresas modernas estão fortemente comprometidas com o processo de inovação e desenvolvimento de seus produtos e serviços. O tratamento dado às informações está cada vez mais sendo organizado no sentido de se aproveitar ao máximo suas potencialidades.

O objetivo é permitir que o conhecimento adquirido por meio das informações coletadas, tratadas e analisadas torne a empresa interessante para os trabalhadores, clientes, fornecedores e parceiros a fim de que seja alcançado um distanciamento ainda maior dos seus concorrentes.

Capitalizar e rentabilizar o conhecimento assume papel primordial para o capital organizacional detectar e avaliar oportunidades, para que os caminhos escolhidos para atingir os resultados esperados sejam consubstanciados no planejamento estratégico antes definido.

O processo da comunicação eficaz é a chave para que essas interações aconteçam e provoquem a diminuição na taxa de retorno do investimento nas potencialidades da empresa e, por decorrência, aumentem o investimento nas competências e nas habilidades dos trabalhadores.

Não basta uma empresa ter apenas um banco de dados eficiente, sistemas de informações que alimentem esse banco de dados ou tão somente pesquisas frequentes para avaliar tendências se não houver a possibilidade de interação das pessoas nas ações a partir das informações. Informações que não são tratadas por pessoas capacitadas e focadas no desenvolvimento organizacional, terão um impacto negativo nas pretensões estratégicas da empresa.

As empresas inteligentes dependem das informações que utilizam para desenvolver seus objetivos estratégicos. Essa é uma vigilância constante das empresas nos seus processos de trabalho, na metodologia aplicada para alcançar desenvolvimento e competitividade, nas práticas administrativas e nos relacionamentos internos e externos. Tudo isso determina o grau de comprometimento com a sua missão e o valor agregado ao seu capital organizacional.

Educação Corporativa

Uma nova realidade, provocada pelas violentas ondas de transformação que a economia impõe nas empresas e pela velocidade de adaptação frente ao desafio dos concorrentes, descortina-se no mundo moderno, criando um cenário para uma batalha em busca do conhecimento.

Esse cenário produz efeitos na concepção do perfil do trabalhador das empresas modernas, que buscam soluções inovadoras para gerar competitividade e necessitam de trabalhadores que atendam a essa demanda existente em termos de capacitação profissional e potencial de produtividade.

Os trabalhadores precisam aprender constantemente por meio de treinamentos planejados a realidade empresarial do momento, deixando de lado certos pacotes instrucionais que não agregam valor ao aprendizado da empresa. A continuidade do aprendizado transforma o trabalhador em produtores contínuos, permitindo que ele também se transforme em um profissional valorizado.

A cultura da empresa também é atingida com essa avalanche de mudanças, sendo que o desenvolvimento empresarial depende do esforço concentrado na capacitação da sua força de trabalho. Além disso, para acompanhar a evolução das mudanças é preciso mudar o formato de planejamento do aprendizado interno, com alternativas inovadoras, trazendo o treinamento para dentro da empresa e vivenciando, na prática, as necessidades de aprendizado, ou seja, aprender executando a respectiva atividade.

Segundo MEISTER (1999), *"uma mudança bastante significativa é que a responsabilidade pelo processo de aprendizagem sai do departamento de treinamento para chegar aos gerentes"*. O autor ilustra os componentes dessa mudança no sentido da aprendizagem baseada no desempenho".

	Departamento de Treinamento	Educação Corporativa
Foco	Reativo.	Preventivo.
Organização	Fragmentada e descentralizada.	Coesa e centralizada.
Alcance	Tático.	Estratégico.
Apresentação	Instrutor.	Experiência com várias tecnologias.
Responsável	Chefia do treinamento.	Lideranças.
Audiência	Profundidade limitada, público-alvo amplo.	Currículo personalizado por famílias de cargos.
Inscrições	Abertas.	Aprendizagem no momento certo.
Resultado	Aumento nas qualificações profissionais.	Aumento no desempenho do trabalho.

O modelo demonstra que o aprendizado é focado no planejamento estratégico da empresa, de maneira que o trabalhador somente receberá treinamento se isso estiver previsto, e conforme as suas competências básicas. O treinamento estará à disposição sempre que for necessário, sem prejuízo no desempenho e da produtividade, mesmo porque haverá monitoramento das lideranças internas e não apenas da área de Recursos Humanos.

Do ponto de vista empresarial, é a capacidade de transformar a prática em resultados que define a competência do treinamento. Para que esse processo aconteça, algumas condições organizacionais precisam ser evidenciadas:

- a atenção da administração quanto ao processo de treinamento e seus reflexos no desenvolvimento organizacional e de carreira;
- o planejamento das diretrizes estratégicas do treinamento necessitam de objetivos alinhados com as políticas de Recursos Humanos;
- a definição dos campos de conhecimento, nos quais os trabalhadores deverão focalizar seus esforços de aprendizado;
- a organização das necessidades de treinamento e das pessoas potenciais, com extrema responsabilidade, intensificando a participação dos gestores de cada área;
- a identificação dos responsáveis pela condução das diretrizes do treinamento;
- os instrumentos e indicadores necessários para a avaliação da eficácia do treinamento;
- a motivação para prover o treinamento.

Além dessas condições organizacionais, é necessário que as pessoas estejam disponíveis para receber o treinamento, e a disponibilidade refere-se à vontade soberana que movimenta a motivação humana. As pessoas precisam compreender o treinamento e ampliar suas experiências profissionais, assim como as interações decorrentes da troca de experiências com outras pessoas dentro ou fora da empresa.

O esforço da empresa e das pessoas é mútuo, e a mensuração dos resultados depende, necessariamente, das dimensões identificadas pela empresa nas diretrizes do planejamento estratégico do treinamento, nos campos do conhecimento atribuídos e, principalmente, das pessoas em potencial que deverão responder, na prática, a esse treinamento.

É importante que os gestores não só criem um permanente sentido de urgência na criação e na inovação de procedimentos que valorizem a experiência das pessoas, como também consigam administrar os objetivos organizacionais e estabeleçam pontos norteadores de eficiência e eficácia para o desenvolvimento empresarial e humano.

A Educação Corporativa promove o pensamento estratégico e prepara a empresa para ampliar os seus horizontes comerciais através de pessoas que aprendem continuamente e com constância de propósitos, aliando as expectativas pessoais e profissionais ao desenvolvimento da aprendizagem organizacional.

Não há dúvidas sobre a importância dos treinamentos formais e de iniciativas que estejam voltadas à educação corporativa. Da mesma forma, para colaborar com esse conceito é necessário que tanto a empresa quanto o trabalhador encontrem desafios e empreitadas otimistas, tangíveis, que motivem as pessoas na superação dos seus limites de aprendizado de forma que elas consigam alcançar os seus objetivos, provocando, assim, o desenvolvimento e o aprendizado contínuos.

Estudo de Caso 3

A empresa começa a percorrer os caminhos propostos e entende as modificações de sua cultura como algo responsável por trazer benefícios para a sua permanência no mercado empresarial. Há a contribuição ímpar dos trabalhadores, que perceberam as melhorias e se motivaram para continuar trabalhando com foco no desenvolvimento da empresa e deles próprios.

Mais bem treinados e exercendo as suas atividades com proatividade, os trabalhadores começam a participar das decisões do seu posto de trabalho e do departamento. A área de Recursos Humanos começa, também, a buscar soluções que possam gerar resultados no processo de mapeamento do conhecimento, das habilidades, além de monitorar o comportamento profissional e disciplinar dos trabalhadores.

Os dirigentes solicitam da área de Recursos Humanos um levantamento das necessidades de treinamento para juntos planejarem a melhoria contínua do aprendizado na empresa. Difícil é entender que estamos falando de algo extremamente subjetivo (mapear competências e habilidades). Cabe a você, portanto, uma reflexão profunda de como a empresa, ou melhor, a área de Recursos Humanos, poderá ajudar a empresa a solucionar esse difícil problema.

Como mapear o Conhecimento, as Habilidades e os Comportamentos dos trabalhadores para realizar o levantamento das necessidades de treinamento?

4

Estratégias de Treinamento e Desenvolvimento de Pessoas

As empresas planejam, organizam e controlam suas atividades por meio de mecanismos de gestão que garantem a sua competitividade frente ao mercado concorrente.

Administrar pessoas está se tornando cada vez mais o ponto de equilíbrio entre o sucesso e o fracasso empresarial. Ao mesmo tempo em que empresas incentivam os funcionários na busca do autoconhecimento, do aprimoramento específico de suas atividades e a ambicionar novas posições, existem aquelas que ainda não se importam com a qualidade e a produtividade através do investimento nas pessoas, proporcionando um estresse em termos de atitudes e comportamentos frente aos objetivos organizacionais.

O planejamento de Recursos Humanos, integrado aos objetivos e às estratégias organizacionais, proporciona, para a empresa, uma avaliação muito importante entre o atual quadro de funcionários e a adequação desses funcionários aos postos de trabalho.

Na prática, a área de Recursos Humanos desempenha o papel de avaliar e prover informações aos gestores sobre a necessidade de implementar planos de treinamento, incentivos ao desenvolvimento de pessoas e carreira ou corrigir desvios existentes que atrapalhem o clima organizacional.

É importante que os funcionários conheçam os objetivos relacionados à política de treinamento da empresa para que caminhem na direção certa e saibam onde estão e aonde podem chegar.

O treinamento está relacionado com a capacitação e com o desenvolvimento das potencialidades do funcionário, com o aumento da competitividade da empresa e com a satisfação do cliente.

O cliente só estará em evidência quando os funcionários se sentirem valorizados e incentivados a desenvolver suas habilidades e aplicar o cotidiano na empresa.

Além de informações para melhorar a performance do funcionário, o treinamento deve proporcionar formação básica, de forma que novas atitudes e ideias sejam aprendidas a fim de que a personalidade e o caráter do profissional possam ser fortalecidos. Assim, ele será cada vez mais eficiente e eficaz tanto dentro quanto fora da empresa.

As empresas que realmente se preocupam com a excelência e em se manterem competitivas em um mercado concorrente e estreito estão preparando os seus Recursos Humanos para serem ágeis, competentes, focados no negócio e nos resultados, considerados o fator crítico do sucesso da empresa e do próprio negócio.

Para conseguir superar os desafios da concorrência e das mudanças, as empresas precisam assumir riscos. Para isso, é necessário treinar constantemente os seus funcionários.

O treinamento transmite sinais aos funcionários de que a empresa também está preocupada com eles, que suas atitudes e seus comportamentos devem estar alinhados às expectativas da empresa, além de alavancar o desempenho do cargo, de se tornarem mais produtivos para alcançar os objetivos organizacionais. O treinamento habilita o funcionário a buscar os seus próprios objetivos como ser humano.

Aprendizagem Organizacional

Uma das maneiras de manter os trabalhadores atualizados é criar e aplicar, dentro das organizações, o conceito de aprendizagem organizacional.

A aprendizagem organizacional cria condições e estimula os grupos de pessoas que trabalham juntas a desenvolverem suas capacidades de forma a trazerem os resultados desejados pela organização. Dessa forma, as empresas conseguem desenvolver, em seus colaboradores, a capacidade de inovação e rápida adaptação às mudanças. A organização propicia um ambiente de condições favoráveis para a aprendizagem de seus trabalhadores. Os administradores devem criar organizações que aprendem.

> *"Embora os teóricos organizacionais falem sobre uma organização de aprendizagem, são os trabalhadores que realizam tal aprendizado. A sabedoria coletiva dos funcionários pode, então, ser traduzida em uma organização de aprendizagem." (DUBRIN, 2003, p.392)*

São características da organização de aprendizagem:

- **A aprendizagem de equipe:** a organização de aprendizagem enfatiza o trabalho em equipe e a solução coletiva de problemas. Os membros da equipe devem estar em constante troca de informações. A organização cria oportunidades para que os trabalhadores se reúnam e compartilhem informações através de reuniões, conferências, debates;
- **Visão compartilhada e compromisso com a organização:** os trabalhadores devem ter uma visão comum e estar comprometidos para que a organização seja uma organização de aprendizagem e o papel do administrador é fundamental no desenvolvimento dessa visão compartilhada. Segundo Dubrin (2003, p.393), o desenvolvimento de uma visão compartilhada depende de uma liderança eficaz. Se os trabalhadores, em todos os níveis, acreditam que a empresa caminha em direção à grandeza, estarão motivados a aprender para alcançar tal grandeza;
- **Uso contínuo do feedback:** cria posições abertas e não defensivas. Os questionamentos são estimulados. Os erros são considerados experiências valiosas de aprendizado sobre o que não deve ser feito no futuro;
- **Pensamento sistêmico:** a organização é vista no todo e cada trabalhador tem a consciência de que o seu trabalho afeta o trabalho de outros trabalhadores;
- **Aprendizagem de ação:** a aprendizagem se efetiva quando ela é colocada em prática. As discussões devem trazer novas habilidades;
- **Domínio pessoal do cargo:** embora a organização de aprendizagem enfatize a equipe, cada trabalhador deve ser perito naquilo que faz. Cada membro deve desenvolver especializações, pois todos acrescentam algo de valor em relação ao que está sendo discutido;
- **Uso ético do *benchmarking*:** não se copiam ideias de uma organização, mas copiam-se práticas de uma organização que não atua diretamente em sua linha de negócios.

Gestão de Recursos Humanos

No contexto da administração de negócios, os objetivos individuais e profissionais são uma extensão dos objetivos organizacionais, pois, da mesma forma que as empresas são constituídas de pessoas que movimentam a máquina produtiva, essas pessoas dependem da empresa para atingir os seus objetivos e cumprir os seus projetos.

As políticas de Recursos Humanos são extensão do planejamento estratégico da empresa. Contudo, é importante que os profissionais da área compreendam a necessidade de atenção contínua nas variáveis que interferem no desenvolvimento da empresa e dos trabalhadores.

Fazendo um quadro comparativo entre os objetivos organizacionais e os objetivos individuais e profissionais da força de trabalho, observa-se que existe uma convergência entre as expectativas de contratação dos trabalhadores por parte da empresa e as expectativas dos próprios trabalhadores.

Expectativas da empresa:

- competitividade no mercado;
- crescimento sustentável;
- rentabilidade do negócio;
- produtividade da força de trabalho;
- produtos e serviços com a qualidade esperada pelo cliente;
- preços customizados;
- clientes satisfeitos;
- possibilidade de novos negócios etc.

Expectativas dos trabalhadores:

- remuneração justa internamente e competitiva externamente;
- benefícios reais;
- desenvolvimento de carreira;
- compartilhamento de ideias;
- comunicação eficaz;
- qualidade de vida etc.

Além dessas variáveis, a área de Recursos Humanos é sensível à cultura da empresa, que exerce determinada força sobre outros aspectos, como:

- a estrutura hierárquica adotada;
- as transformações ambientais;
- o negócio da empresa;
- o incentivo a pesquisas e à tecnologia aplicada;
- os processos internos de trabalho.

A política de administração das pessoas é fator crítico do sucesso para que o planejamento estratégico cumpra seu objetivo. Todos os processos da área de Recursos Humanos devem possuir sinergia suficiente para atingir os objetivos da empresa. As pessoas só poderão responder aos desafios oferecidos pela empresa se esta reconhecer a importância de contratar com profissionalismo, oferecer possibilidades de crescimento e carreira e prover um clima organizacional compatível com a sua cultura.

O treinamento corporativo é um investimento que deve ser objeto de continuidade da missão da empresa. O retorno do investimento é proporcional ao esforço da organização em planejar constantemente meios de rentabilizar o trabalho por meio da área de Recursos Humanos. A possibilidade de permanecerem competitivas no mercado faz com que as empresas elaborem instrumentos gerenciais que capturem as necessidades de treinamento e que construam o seu futuro alicerçado em metas e objetivos em parceria com a sua força de trabalho.

Consultoria e Gerenciamento Empresarial

As empresas vêm percebendo que, nas muitas vezes em que precisam diagnosticar necessidades dos seus trabalhadores, uma frase aparece para dimensionar a falta de habilidade de muitos gestores: "Santo de casa não faz milagres". Com isso, os gestores lançam mão de uma alternativa que se torna viável quando o propósito é melhorar o desempenho da sua equipe: a contratação de consultoria externa que, isenta do convívio interno e conhecedora de diversas técnicas para a solução de problemas, auxilia na identificação dos melhores caminhos para a empresa conseguir os seus objetivos.

A consultoria age como aconselhadora e ajuda a empresa a solucionar os seus problemas; com uma visão pragmática, ela analisa as situações possíveis de cargos e atividades exercidas, estuda as possibilidades de desenvolvimento de carreira dos trabalhadores, analisa o fluxograma das atividades e as políticas de Recursos Humanos, reconhece as causas e os efeitos encontrados e recomenda soluções corretivas e preventivas na solução dos respectivos problemas.

Os profissionais consultores não precisam ser necessariamente especialistas do problema, mas sim especialistas em diagnosticar e ajudar a empresa a encontrar a melhor solução que se adapte às necessidades de curto prazo da empresa.

Os gestores devem conhecer os atributos de uma consultoria e ajudar no que for necessário, com informações objetivas para que o trabalho se torne eficaz, já que eles são os mais interessados no resultado desse processo. O gerenciamento inteligente de um trabalho como esse é condição importante para o máximo proveito dessa alternativa de trabalho.

Qualidade, Produtividade e Clima Organizacional

Em plena ascensão nos padrões de competitividade no mercado, as empresas produzem com um foco cada vez mais voltado para a qualidade dos seus produtos e serviços e no fator de produtividade de seus trabalhadores. Antes da década de 90, a demanda do mercado era fator de preocupação da maioria das empresas industriais e comerciais, fato que faz com que, no Brasil, inicie-se um movimento para que a mão de obra seja mais bem qualificada a fim de atender a um possível aumento da capacidade de produção.

Uma empresa é reconhecida como competitiva quando consegue alcançar os seus objetivos com eficiência e eficácia, ou seja, maximizando tempo e otimizando os recursos disponíveis, principalmente o financeiro, que sempre considera viável a transformação de matéria bruta no mais baixo custo de produção.

Com a expansão dos negócios e com a abertura dos mercados globais, as empresas precisaram aumentar a sua produção e a oferta no mercado. Com a globalização e o aumento da concorrência, as empresas precisam alcançar patamares de qualidade e produtividade muito maiores. Nesse contexto, a busca da diminuição do desperdício transforma-se na capacidade competitiva das empresas e em um diferencial perante o mercado.

Os processos de Qualidade Total invadem o Brasil e, com isso, as empresas precisam aprimorar a qualificação dos seus trabalhadores para acompanhar as rápidas mudanças. O aprimoramento contínuo de todos os processos empresariais implica mudar a cultura das empresas e os comportamentos das pessoas através de uma gestão orientada para a satisfação dos clientes.

O pensamento na melhoria contínua inicia um processo sem retorno de normatização de regras e procedimentos, fluxograma das atividades e definição objetiva das responsabilidades de cada cargo. Os gestores começam a sentir na pele a necessidade de reciclar conhecimentos e de atualização com as novas tendências. O treinamento começa a ser planejado levando em consideração a variável comportamental e todo esforço de melhoria da qualidade e produtividade não poderia deixar de inserir os trabalhadores como principal agente de mudanças na empresa.

Os trabalhadores são envolvidos em processos de aprendizagem dos novos conhecimentos do mercado, e todo processo obsoleto é logo substituído por novas técnicas que aumentem a qualidade dos produtos e serviços e a produtividade. O diferencial entre as empresas que querem crescer e as que ainda não notaram a velocidade das mudanças está na capacidade de absorver os conhecimentos rapidamente e transformar a sua força de trabalho em aprendizes.

O comportamento das pessoas perante a qualidade e a produtividade pode melhorar o desempenho da empresa ao mostrar para ela que a valorização dos trabalhadores está associada à valorização dos diversos clientes. Atender às necessidades, aos desejos e às demandas dos clientes pressupõe atender antes às necessidades, aos desejos e às demandas dos trabalhadores internos.

Saber elevar a percepção de valor do trabalhador através de incentivos, como o treinamento bem elaborado, é condição de uma cultura orientada para o cliente. À medida que esse conhecimento avança, o comportamento empresarial encontra subsídios relevantes para obter de sua força de trabalho a qualidade necessária em seus produtos e serviços; consequentemente, os trabalhadores produzirão mais e melhor.

Algumas empresas consideram aspectos que interferem no processo de qualidade e produtividade:

- **absenteísmo**: é a ausência do trabalhador no seu posto de trabalho em horas ou em dias. O custo com essas ausências prejudica sensivelmente a qualidade e a produtividade de uma empresa, pois, em determinados casos, o não comparecimento é considerado como justificado perante a legislação, quando o trabalhador é abonado em seus vencimentos. Em outros casos injustificados, a empresa é prejudicada pela interrupção da atividade ou da substituição daquele posto de trabalho por outra pessoa, onerando-a;
- **rotatividade**: é a média entre as contratações efetuadas pela empresa em um determinado período e as respectivas demissões. Tanto a contratação, que se utiliza de recrutamento, seleção, socialização e treinamento, quanto a homologação de uma rescisão do contrato de trabalho representam um custo extremamente alto para a empresa. Quando o número de demissões é igual ou maior que as contratações, significa que a empresa perde em eficiência, pois os trabalhadores experientes e treinados que saem representam um tempo precioso que a empresa terá que dispor para substituir e treinar novamente;
- **desmotivação:** o reflexo do comportamento do trabalhador que não percebe possibilidades dentro da empresa; com isso, grande parte dos problemas de baixa produtividade, retrabalho e desperdícios está associada à motivação humana e à satisfação no trabalho.

As empresas estão sempre buscando soluções que antecipem as diversidades de fatores contingenciais, que fazem com que a qualidade e a produtividade sejam afetadas. Dentre elas, destacamos a implementação de programas de qualificação dos trabalhadores e o desenvolvimento de novas competências e habilidades.

O clima organizacional é um facilitador deste processo de aperfeiçoamento e desenvolvimento da qualidade e produtividade empresarial. Reflete o grau de satisfação e insatisfação da força de trabalho em relação aos objetivos estratégicos, e os gestores devem priorizar ações voltadas à manutenção de um ambiente de trabalho que facilite a realização das aspirações dos trabalhadores e integre ainda mais as pessoas nos mais diversos setores.

Cabe à área de Recursos Humanos, em conjunto com os gestores, um monitoramento frequente desta variável tão importante que é o clima, de modo que a empresa e os trabalhadores se beneficiem, resolvendo grande parte dos conflitos existentes e que atrapalham o desenvolvimento do negócio.

Sistemas de Informações Gerenciais de Recursos Humanos

Em tempos de mudanças, onde o poder da informação é extremamente relevante quando pensamos em competitividade organizacional, a força que impulsiona os negócios passa primeiramente pela metodologia aplicada no tratamento das informações.

Facilmente identificadas no planejamento do negócio, as variáveis importantes de sustentação das diretrizes estratégicas são encontradas: nos dados de pesquisa do mercado externo, nos números que o mercado financeiro transmite, nos resultados periódicos que a contabilidade demonstra, nos indicadores de produtividade da produção, nos relatórios gerenciais, nos índices de absenteísmo e rotatividade que a área de Recursos Humanos proporciona aos gestores, enfim, basta um objetivo para que a empresa necessite de informação.

Cabe ressaltar que a importância de um sistema organizado de informações empresariais não significa um modismo ou fruto da fase em que vivemos, como muitos podem entender, mas sim uma necessidade imperiosa para as empresas que ainda querem se projetar no mercado globalizado.

Networking Empresarial

A gestão das relações entre o capital (empresas) e o trabalho (mão de obra) é o ponto crucial para que uma empresa se torne competitiva internamente e consiga dar continuidade à sua missão organizacional. O networking, utilizado como ferramenta dos relacionamentos de interesse pessoal, pode ser utilizado também como um instrumento inteligente e agregador de benefícios tanto para uma empresa quanto para um profissional.

Comentários sobre a importância do networking proferidos pelo autor Daniel Goleman.

> *"Esse talento para conectar-se (networking) é o epítome dos astros em quase todos os tipos de emprego. Por exemplo, estudos sobre profissionais de melhor desempenho em campos como a engenharia, informática, biotecnologia e outras áreas que envolvam 'trabalho de conhecimento' revelam que a construção e manutenção de redes é crucial para o sucesso. Mesmo em campos como o da tecnologia, as redes são alinhavadas à moda antiga, face a face ou por telefone, além de por e-mail.*
>
> *Entretanto, o que consolida uma ligação é menos a proximidade física (muito embora ela ajude) que a psicológica. As pessoas com quem nos damos bem, em quem confiamos e pelas quais acalentamos sentimentos de simpatia são os nós das nossas redes (...) Aqueles que trabalham bem suas redes gozam de uma imensa vantagem de tempo sobre quem necessita de fontes mais amplas e genéricas de informações para encontrar respostas. Estima-se que, para cada uma hora que um astro dedica a procurar numa rede, a pessoa mediana leva três a cinco horas para encontrar a mesma informação"* (GOLEMAN 2000, 206-207)

O networking eficaz é o processo através do qual podemos ajudar pessoas de forma que, em um determinado momento, elas possam ser muito úteis às pretensões futuras da empresa. Em uma análise organizacional, pode-se entender que a rede de relacionamentos, ou networking empresarial, é fundamental para possibilidades futuras de desenvolvimento de novos mercados, inclusive através de parcerias com os próprios concorrentes diretos ou indiretos.

Da mesma forma, os sistemas de informações gerenciais desempenham um papel importante na maneira como os gestores decidem o futuro das empresas. Os relatórios gerenciais estão em um patamar de tal importância que, se bem compartilhados e processados, produzem informações suficientes de forma que o gestor não tenha dúvidas de quando decidir, pois quanto mais informações com qualidade, menor serão as suas incertezas.

A área de Recursos Humanos é importante nesse processo já que concentra, em seu banco de dados, informações da vida disciplinar e financeira dos trabalhadores, importante recurso para as pretensões dos gestores. Cabe à área orientar esforços para que os gestores obtenham essas informações, na medida das suas necessidades e de forma rápida e coerente.

Tanto as informações gerenciais quanto o networking empresarial servem de ferramenta estratégica para o fortalecimento da base de sustentação das oportunidades; é uma competência importante não só para as empresas obterem o sucesso, mas também para proporcionar recursos em longo prazo que contribuam para o processo de desenvolvimento organizacional.

Os gestores inteligentes integram as suas competências e habilidades, os sistemas de informações gerenciais e a rede de relacionamentos como diferencial competitivo para a empresa, compartilhando informações e ideias, combinando as necessidades de um com as necessidades e as habilidades de outros e aconselhando e mostrando caminhos para o progresso da empresa.

Tecnologia da Informação de Recursos Humanos

A Tecnologia da Informação ou Tecnologia de Informação é original do inglês *Information Tecnology*, que foi utilizada na transformação do mundo. Sua característica é bem abrangente e pode ser considerada para a aplicação de várias vertentes da tecnologia no processamento de informações, coletadas, armazenadas e relacionadas, característica que determina o desenvolvimento dos países que se baseiam no conhecimento.

A tecnologia é a parte inteligente, responsável por determinar que a falta de informações leva as pessoas a tomarem decisões incertas, e o excesso de informações também. Na compreensão dos números que as empresas apresentam, não é o índice em si que é o mais importante, mas a trajetória desses índices ao longo do tempo.

Informações identificadas, correlacionadas entre si e tratadas de maneira sistemática representam a otimização dos processos e a transformação de dados em conhecimento, a melhor relação de benefícios entre os registros coletados.

As empresas funcionam com uma contínua interação entre as pessoas, tecnologia, estrutura e cultura organizacional, mesmo que estejam concentradas em um aspecto específico do seu negócio. Não há razão para deixar de se lembrar dessas interações, pois elas estarão sempre presentes.

Tecnologia e Administração

A administração empresarial, desde a Revolução Industrial, com suas teorias capitalistas, valorizava a imagem institucional em detrimento da sua força de trabalho. A evolução dos tempos foi mostrando que essas pessoas faziam parte do contexto do negócio e as empresas passaram a valorizar, também, a inteligência, a criatividade e a inovação.

O modelo administrativo, atuante nas diversas fases da história, representa um aprendizado importante que as empresas deveriam conhecer para o aperfeiçoamento de suas práticas empresariais, não tanto pelo modelo, mas pela oportunidade que a história da administração pode proporcionar no atual contexto dos negócios.

As oportunidades surgem quando uma empresa enxerga que, compartilhando informações com os trabalhadores, menos incertezas uma decisão poderá proporcionar. Desde os tempos em que o controle das operações ou controle operacional era suficiente para acelerar a marca da empresa para o consumidor, a garantia era que as atividades realizadas ocorriam dentro de fatores de eficiência e de segurança.

A utilização dos recursos disponíveis da empresa e a manutenção de seu patrimônio eram decisões frequentes entre os gestores e não compartilhada com os trabalhadores no posto de trabalho. A qualificação dos trabalhadores era algo tratado como despesa e não importava, para os gestores, a satisfação que provinha desse incentivo, pois apenas a produtividade se fazia presente nos controles estatísticos e disciplinar.

O Novo Mercado Corporativo

Com a abertura de mercado e a invasão das telecomunicações, o Brasil começa a receber uma avalanche de informações. Antes não tínhamos respostas para indagações, hoje não conseguimos administrar o fluxo recebido. Isso porque simplesmente não há "tempo" suficiente para tratarmos a informação de forma adequada ao planejamento estratégico da empresa, o que faz com que fiquemos, muitas vezes, alheios às mudanças mundiais.

Uma difícil encruzilhada entre a velha e a nova economia: como tratar e transformar as informações em vantagens para a empresa? Como tirar proveito das inúmeras vantagens que o processo de comunicação virtual trouxe para as nossas vidas? Como motivar os trabalhadores através de treinamentos feitos na própria empresa?

No atual cenário empresarial, essa condição é fator crítico para o sucesso de uma estratégia de negócios e somente por meio da implantação de sistemas inteligentes, integrando a empresa às pessoas, aquela conseguirá atingir a excelência.

Os novos conceitos de intranet, extranet, videoconferências, trazem uma nova realidade para as empresas que querem integrar as necessidades de aperfeiçoamento técnico, teórico e comportamental ao desafio de manutenção da competitividade empresarial. Através desses novos modelos de comunicação, as empresas têm a possibilidade de inovar nas decisões estratégicas e de melhorar a performance do seu modelo de gestão, seja por meio de programas de capacitação profissional da sua força de trabalho utilizando a tecnologia, seja pela modernização dos processos e das práticas administrativas.

Informática Aplicada à Gestão de Pessoas

A informática tem sido a grande aliada em atender às demandas empresariais, inclusive como apoio à gestão e à operação, recebendo, analisando, alocando, tratando e processando as informações que serão importantes para garantir a eficácia nas decisões gerenciais.

Com essa tecnologia presente no ambiente empresarial, é possível racionalizar e reduzir o tempo das operações e possibilitar o melhor aproveitamento desse tempo para desenvolver estratégias e cuidar do desenvolvimento profissional dos trabalhadores. O uso desses instrumentos informatizados garante, também, a eficácia da gestão de pessoas.

A área de Recursos Humanos é sensível a essas necessidades passando, portanto, a modernizar as suas práticas. A ideia, além dos aspectos burocráticos que a área reserva, é também agir como facilitadora para atingir o bem-estar, a qualidade de vida e fomentar os gestores com informações necessárias, de forma rápida e precisa. A era da informação, como foi intitulada na década de 1990, mostra que realmente é o maior celeiro de oportunidades para as empresas administrarem seus negócios.

A área de Recursos Humanos, através de seus processos de Recrutamento, Seleção, Departamento de Pessoal, Avaliação de Desempenho, Cargos e Salários, Medicina e Segurança do Trabalho, Treinamento e Desenvolvimento de Pessoas e Carreira, consegue processar informações[1] suficientes para que os gestores possam administrar suas unidades de negócio com qualidade, apoio e suporte desejados. Só assim os gestores ganharão tempo para tomar decisões mais eficazes.

Através da informatização dos registros e dos documentos, a área de Recursos Humanos constrói um cadastro confiável, garantindo que as informações estejam frequentemente atualizadas. O cadastro é transformado em um grande banco de dados disponível para o processamento de informações que facilitam a empresa no alcance do seu objetivo estratégico.

A seguir, descrevemos alguns cadastros que a área de Recursos Humanos constrói a partir dos seus processos e, principalmente, nos registros e nos documentos:

Solicitação de Mão de obra

- Registro de entrada voltado à captação de candidatos para determinada oportunidade de vaga (geralmente, é um documento padronizado pela

[1] No mercado, existem empresas que comercializam softwares de Gestão Integrada de Recursos Humanos.

empresa em que o requisitante da vaga autoriza a área de Recursos Humanos a prospectar candidatos, e este é aprovado pela Gerência ou por outro superior autorizado). A área de Recursos Humanos mantém os dados atualizados para consultas sempre que necessário.

Dados Pessoais e Profissionais de cada Candidato Aprovado

- Registro dos candidatos aprovados e recomendados pela seleção e, finalmente, aprovados pelo requisitante da vaga. Os dados são armazenados em um arquivo para futura consulta (a maioria das empresas aprova mais dois candidatos, além do escolhido para ocupar a vaga, prevenindo possíveis desistências de ambas as partes).
- Registro dos dados pessoais e profissionais do candidato escolhido, armazenado para processamento de informações do Departamento de Pessoal (CAGED, FGTS, Folha de Pagamento, Ficha ou Livro de Empregado, RAIS, PIS e outros) e para consultas.

Cargos existentes e cupados no Organograma

- Registro dos cargos existentes no organograma da empresa e aqueles que estão ocupados pelos trabalhadores, com as respectivas descrições e avaliações periódicas (nem sempre, a capacidade de produção é totalmente preenchida por trabalhadores; pode haver ociosidade, ou seja, cargos que existam, mas ainda não preenchidos).
- Registro dos cargos de acordo com os departamentos ou os setores do organograma da empresa, de maneira sistemática e ordenada.

Salários

- Registro do plano de cargos e salários e respectivas faixas salariais.
- Registro do salário contratual dos trabalhadores.
- Registro dos adicionais que agregam valor ao salário base do trabalhador (comissão, ajuda de custo, incentivos etc.).
- Registro da evolução salarial dos trabalhadores (dissídios coletivos, mérito, enquadramentos, promoções etc.).

Benefícios

- Registro dos tipos de benefícios existentes na empresa (cesta básica, alimentação, assistência médica etc.).

- Registro das escolhas de benefícios dos trabalhadores e a parcela tributária de cada um.

Avaliação de Desempenho

- das avaliações de desempenho e do histórico dos resultados (treinamento, promoções, alterações de cargo, transferências e demissões).

Treinamento

- Registro do planejamento estratégico, contendo as necessidades de treinamento.
- Registro dos treinamentos oferecidos pela empresa e os respectivos trabalhadores envolvidos.
- Registro dos investimentos em treinamento.
- Registro da avaliação final dos treinamentos.
- Registro dos resultados dos treinamentos.

Departamento de Pessoal

- Registro legal dos documentos pessoais e profissionais dos trabalhadores.
- Registro dos apontamentos de frequência dos trabalhadores (absenteísmo e rotatividade de pessoal).
- Registro do histórico da Folha de Pagamento e seus reflexos.
- Registro disciplinar dos trabalhadores.
- Registro e processamento das obrigações legais (Ministério do Trabalho, Ministério da Previdência e Assistência Social, Caixa Econômica Federal, Secretaria da Receita Federal/Ministério da Fazenda).
- Registro das solicitações e dos atendimentos aos trabalhadores.
- Registro da incidência de solicitações e reclamações.

Prontuário Médico

- Registro dos exames admissionais (para concretizar um processo de admissão de um candidato, ele deve se submeter a exames médicos que atestem a sua aptidão para o cargo – Atestado de Saúde Ocupacional – ASO).
- Registro dos exames periódicos (por determinação do médico do trabalho, em épocas predeterminadas, os trabalhadores precisam atualizar seus exames médicos).

- Registro dos exames demissionais (quando o trabalhador é demitido ou é demissionário, é obrigatório o exame médico que ateste suas perfeitas condições de saúde – Atestado de Saúde Ocupacional – ASO).

Segurança do Trabalho

- Registro dos Equipamentos de Proteção Individual – EPIs, entregue para cada trabalhador.
- Registro de cada processo de conscientização oferecido pela empresa aos trabalhadores.

Tratamento das Informações Gerenciais

O Banco de Dados deve refletir o pensamento de que é um agregador de dados para inúmeras funções. O importante é que todas as funções que forem desenvolvidas estejam associadas a um único banco de dados, pois isso facilita a construção de uma informação.

Os registros são armazenados, relacionados, atualizados e processados, dispondo informações disponíveis que podem ser utilizadas para apoiar a estratégia de qualquer departamento em uma empresa. Os registros alimentam o banco de dados, que se transformam em informações atualizadas para a gestão da empresa.

Vantagens

- Habilita o usuário autorizado a compartilhar todos os registros para inúmeras finalidades (relatórios).
- Se os registros foram bem feitos, a consistência e a qualidade das informações corresponderão ao desejado.
- Possibilita que o usuário autorizado tenha acesso a informações atualizadas para as suas necessidades presentes e tenha confiança nas futuras.
- Versatilidade quanto às novas aplicações e mudanças tecnológicas, sem comprometer a sua arquitetura física.
- Possibilita a interação de vários usuários autorizados a utilizar o mesmo banco de dados.

Desvantagens

- O banco de dados pode correr o risco de violação (*hackers*), roubo, fogo etc.

- O custo de manutenção do banco de dados, que consiste em armazenamento, manutenção, processamento e recuperação, por conta da segurança, torna-se alto.

A Imagem da área de Recursos Humanos

A estratégia é mudar a imagem da área de Recursos Humanos: de área centralizadora de informações para uma área de apoio à gestão dos negócios e das pessoas, compartilhando com os gestores informações úteis que possam melhorar a administração da eficiência e da eficácia da empresa e também fornecer informações relevantes. Esse conjunto de medidas permite identificar oportunidades de aperfeiçoamento das competências e habilidades dos trabalhadores.

O papel da área de Recursos Humanos é: buscar registros importantes para o banco de dados e mantê-los atualizados; levantar as necessidades dos gestores quanto a informações; buscar levantar as necessidades dos trabalhadores com relação a informações; planejar as ferramentas utilizadas para compartilhar as informações que tragam agilidade, flexibilidade e rapidez, atendendo às expectativas de ambos em consonância com o planejamento estratégico da empresa e os objetivos dos trabalhadores.

O momento é extremamente oportuno para as empresas discutirem seus planos de negócios, suas formas de praticar a administração com as pessoas bem preparadas e qualificadas e conduzir seu empreendimento às mudanças de que o mundo empresarial tanto precisa. Os vários esforços que a área de Recursos Humanos realiza para acompanhar essa modernidade, aprendendo diariamente o negócio e buscando soluções que atendam à empresa e aos trabalhadores, serão valorizados e aperfeiçoados.

Em um universo de extremo dinamismo e mudanças, a maneira mais viável de perseguir a excelência empresarial e o sucesso do negócio está na capacidade de as pessoas e as empresas se transformarem e modificarem os seus conceitos, aprendendo que, com a tecnologia da informação aliada aos Recursos Humanos, as empresas terão mais facilidade para atingir o topo do mercado. Assim, é possível transformar informações em vantagem competitiva.

Recursos Humanos e a Importância dos Indicadores de Desempenho

O planejamento estratégico requer um exercício de velhos e novos conceitos administrativos, associado aos comportamentos e às atitudes tanto da empresa quanto dos trabalhadores. Perceber e implementar a mudança na empresa, olhando mais de perto para as vantagens da tecnologia, é a demonstração de que a mudança pode surtir efeitos positivos, em larga escala, se tratada com seriedade por parte dos gestores.

Uma das partes importantes desse exercício é não só descobrir a importância da área de Recursos Humanos nesse processo estratégico, mas também compreender que as oportunidades que a área disponibiliza são favoráveis ao desempenho da empresa como um todo. Isso não apenas onde é esperado (Departamento de Pessoal, Folha de Pagamento, Benefícios), como também nos processos que muitas empresas renegam a patamares menores, como o Treinamento e Desenvolvimento de pessoas e carreira. Aí está, sem dúvida, a melhor e maior conquista de um empreendimento empresarial: pessoas com o perfil adequado às dimensões da empresa e uma produtividade que responda ao investimento aplicado.

Os indicadores de desempenho da força de trabalho estão disponíveis, porém o mais importante é como transformar essas informações em decisões que rentabilizem o trabalho.

Estudo de Caso 4

De certa forma, a empresa passa, com a ajuda singular da área de Recursos Humanos, a conhecer melhor a sua estrutura de trabalho nos aspectos técnicos, teóricos e comportamentais.

A Gestão do Conhecimento trouxe uma visão generalizada da capacidade de produção da empresa e da capacidade de motivação dos trabalhadores em receber treinamento. Estrategicamente falando, é o fator crítico do sucesso para os gestores quando necessitam decidir qualquer investimento no aperfeiçoamento das pessoas.

Porém, é apenas uma das etapas que levam as empresas inteligentes para o crescimento sustentável. Cabe uma reflexão maior sobre os objetivos organizacionais que devem ser planejados para o futuro.

Elabore um plano de ação para que a empresa rentabilize o trabalho cujo indicador de desempenho seja o desenvolvimento pessoal, de carreira dos trabalhadores e do crescimento das vendas da empresa.

5

Métodos e Técnicas de Treinamento e Desenvolvimento

O pensamento estratégico mostra que a informação tem uma relação estreita com as incertezas sobre a trajetória pessoal e profissional das pessoas. Analisando a evolução da área de Recursos Humanos, estamos vivenciando momentos cada vez mais voláteis em relação às certezas de capacitação do trabalhador no seu posto de trabalho.

Os gestores da área de Recursos Humanos estão cada vez mais sensíveis quanto à capacitação da sua força de trabalho. Os trabalhadores capacitados não permanecem assim por muito tempo; as mudanças que aparecem a todo instante, sejam elas organizacionais, sejam nas pretensões e ansiedades das pessoas, refletem a necessidade imperiosa de se procurar novas técnicas para o aprimoramento contínuo da condução de treinamentos e desenvolvimento de carreira dentro e fora das empresas.

As organizações investem tempo e dinheiro em seus trabalhadores para acompanhar a evolução do mercado e a concorrência, que não se cansa em mostrar suas garras. As habilidades das pessoas são efêmeras e o treinamento contínuo é ferramenta essencial para dificultar esse processo perecível.

Diagnóstico das Necessidades de Treinamento e Desenvolvimento

As empresas precisam de trabalhadores hábeis e comprometidos com o negócio, produzindo mais em menos tempo e com a qualidade necessária para atender às necessidades dos clientes e fornecedores. Diante disso, não há alternativa: é necessário treinar os trabalhadores. Trata-se de uma questão prioritária do planejamento estratégico que eleva a responsabilidade da área de

Recursos Humanos em procurar soluções viáveis para atingir as expectativas de investimento.

As empresas investem em treinamento preocupadas em melhorar a sua produtividade, diminuir os seus custos, vender mais e melhor e, ao mesmo tempo, melhorar as condições de vida dos trabalhadores nas suas habilitações e recompensas. A consistência dessas práticas administrativas favorece um ambiente de desafios e motivação para os trabalhadores, que enxergam estas possibilidades de aprimoramento profissional, afinal, o papel das empresas, além de outros, é o de desenvolver pessoas. Se o intuito não for atingido, o fracasso é certo.

Em um processo evolutivo, a área de Recursos Humanos e os gestores são os responsáveis pelo diagnóstico das necessidades de aprimoramento profissional, levando em consideração vários instrumentos formais e informais que auxiliam na formatação de um plano de ação para o treinamento de pessoas.

Treinamento Profissional

Treinamento significa aprimoramento dos conhecimentos teóricos e práticos e qualificação do trabalhador para que possa desempenhar, com maior produtividade, as suas atividades atuais.

Algumas definições de treinamento:

> *O treinamento pode incluir tudo, desde o ensino básico de leitura até cursos avançados de liderança empresarial. (ROBBINS, 2005, p.401)*
>
> *Quase sempre o treinamento tem sido entendido como o processo pelo qual a pessoa é preparada para desempenhar, de maneira excelente, as tarefas específicas do cargo que deverá ocupar. Modernamente, o treinamento é considerado um meio de desenvolver competências nas pessoas para que elas se tornem mais produtivas, criativas e inovadoras a fim de que possam contribuir melhor para os objetivos organizacionais. (CHIAVENATO, 2004, p.338)*
>
> *Treinamento é um processo sistemático para promover a aquisição de habilidades, regras, conceitos ou atitudes que resultem em uma melhoria da adequação entre as características dos empregados e as exigências dos papéis funcionais. (MILKOVICH, 2000, p.338)*
>
> *Treinamento é um processo de assimilação cultural em curto prazo que objetiva repassar ou reciclar conhecimentos, habilidades ou atitudes relacionadas diretamente à execução de tarefas ou à otimização do trabalho. (MARRAS, 2002, p.145)*

O treinamento provoca o desenvolvimento profissional, essencial para que o trabalhador se conscientize da importância de adquirir conhecimentos, desenvolver habilidades, equilibrar suas atitudes e suas características pessoais necessárias à realização de um trabalho com eficácia.

É importante que as organizações percebam o valor de avaliar os resultados obtidos em um processo de treinamento. Não basta prover recursos de treinamento para um ou mais trabalhador sem que haja um planejamento estratégico por trás.

A área de Recursos Humanos é responsável pelo planejamento das necessidades de treinamento na organização. Fazendo uma análise das responsabilidades da área de Recursos Humanos, podemos evidenciar:

- **conscientização**: um dos atributos da área que administra as pessoas; procura desenvolver uma consciência proativa entre os trabalhadores, incentivando-os quando necessitarem de esclarecimentos sobre as políticas da organização. A área de Recursos Humanos é a fonte de informação, um canal de comunicação aberto e disposto a ouvir;
- **orientação**: outra vantagem para a empresa é quando os trabalhadores estão dispostos a receber informação. Muitas empresas acreditam que o superior imediato é a melhor fonte de orientação do trabalhador, mas, pela característica humanística da área de Recursos Humanos, a sua sensibilidade ajuda o trabalhador a encontrar caminhos dentro da organização;
- **informação**: representa os dados, que são registros isolados: são armazenados, compartilhados e processados de forma correta; transformam-se em informação, vantagem competitiva da área de Recursos Humanos, que concentra o maior número de informações, incluindo registros da vida financeira, disciplinar e social de todos os trabalhadores da empresa;
- **clima organizacional**: a área de Recursos Humanos é responsável pela administração do clima da organização, analisando o grau de satisfação e insatisfação dos trabalhadores e os riscos que a organização corre em relação aos apontamentos e às conclusões das informações recebidas.

O fato é que o treinamento é um dos importantes processos da área de Recursos Humanos. Deve ser bem planejado, levando em consideração todas as características da organização e não somente as dos cargos; bem organizado, com pessoas capacitadas que conseguem discernir entre o que é realmente importante para a organização, sem se deixar levar pelos imediatismos; bem dirigido, ou seja, responsável pela condução das diretrizes; bem controlado, de forma que a avaliação dos resultados seja o fator crítico do sucesso do plano geral. Não basta apenas operacionalizar um processo, é preciso também, a partir de uma necessidade, avaliar os resultados esperados ao longo de um período determinado.

Tipos de Treinamento

Existem algumas categorias de treinamento. Dentre elas, podemos citar:

- **informal sobre a atividade**: aquele que não é planejado ou estruturado. Geralmente, o gestor do departamento destaca um trabalhador que tenha mais experiência e "tempo de casa" para prover recursos práticos a outro trabalhador e, com isso, prepará-lo para desenvolver suas atividades com mais produtividade;
- **formal sobre a atividade**: aquele que é planejado e estruturado. Há, portanto, uma sistemática aplicada ao treinamento para que possam existir registros do início e a evolução dos resultados do treinamento no posto de trabalho, por meio de documento e observação;
- **linguagem e escrita**: muito se tem notado que grande parte dos conflitos e desentendimentos entre os trabalhadores e a organização é evidenciada pela falta de um processo claro de comunicação.

Em muitos casos, percebemos um grande número de organizações com poucos trabalhadores alfabetizados ou que concluíram o ensino fundamental, situação que pode não viabilizar um planejamento eficaz de treinamento. As organizações precisam preocupar-se com esse fator e proporcionar, caso seja oportuno, condições para que os trabalhadores exercitem a linguagem e a escrita.

Os trabalhadores, por sua vez, precisam também ser orientados e incentivados a buscar a autocapacitação, como por exemplo, exercitar cálculos matemáticos quando seu cargo requerer operacionalização de controles numéricos; cultivar o hábito da leitura para conseguir interpretar ou redigir documentos; desenvolver o hábito do diálogo para possibilitar o trabalho em grupo.

Conhecimentos técnicos – outro aspecto importante que proporciona um diferencial entre as organizações que crescem e são competitivas daquelas que desejam crescer, mas não sabem por onde. Com o avanço das tecnologias e a rapidez no comportamento do consumidor, as organizações vem investindo muito mais em treinamento de capacitação técnica,.

Hoje, com a informática, as organizações conseguem levar o treinamento para dentro da organização, o que não acontecia no passado, quando as organizações costumavam enviar seus trabalhadores para consultorias, centros de formação técnica ou escolas a fim de que adquirissem conhecimentos e habilidades. O treinamento dentro da organização mudou a visão de que o curso abrangente era o ideal para uma visão generalista do processo. Hoje o pensamento é outro, voltado para a ideia de que o curso voltado à realidade da organização torna-se muito mais eficiente e rápido, condição essencial para a sobrevivência e competitividade das organizações.

Outro fator importante é o Ensino a Distância (EAD), que facilita o aperfeiçoamento técnico dos trabalhadores. Por meio de um computador, tais profissionais conseguem dispor de material de aula sem precisar estar em uma sala de aula; podem ter o apoio de professores sem sequer vê-los e avaliar os resultados por meio de provas e simulados preparados pelos professores virtuais.

Temos que ressaltar que tal técnica de ensino apresenta algumas dificuldades, como: falta do compartilhamento de ideias e experiências das pessoas em uma sala de aula; falta de interesse e disciplina quando se está frente a um computador, falta de um professor. Além disso, é um processo de aprendizado relativamente caro se comparado aos meios tradicionais de treinamento.

Relacionamentos – a gestão dos relacionamentos visa orientar os trabalhadores para que compartilhem: conhecimentos, habilidades, projetos pessoais e profissionais, ouçam bem as pessoas e tirem o maior proveito das informações recebidas. Muitos trabalhadores não têm a facilidade de se relacionar uns com os outros, e parte dos conflitos existentes nas organizações é reflexo da diversidade de opiniões e posturas no posto de trabalho.

As organizações precisam de trabalhadores que interajam individualmente, em grupos e com os superiores, desenvolvendo suas habilidades para trabalhar eficazmente com seus colegas. O treinamento destinado a este fim procura capacitar os trabalhadores a transmitir suas ideias de maneira clara e pertinente, ouvir as opiniões e críticas de forma imparcial e sem restrições, provocar o debate para uma convergência organizacional e não pessoal. A organização também deve reconhecer as limitações existentes e incentivar o aperfeiçoamento contínuo do aprendizado sobre o relacionamento interpessoal.

Proatividade na solução de conflitos – em muitos casos, os trabalhadores não são incentivados a participar das decisões organizacionais, muito mais por medo de que eles não entendam a "autonomia" delegada do que pela possível capacidade de externar ótimas soluções para possíveis problemas ou conflitos. As organizações passam por problemas de conflito diariamente, seja por relacionamento, interpretação da comunicação ou por falta de motivação.

Os trabalhadores, quando executam tarefas não rotineiras, precisam receber treinamento para administrar conflitos no seu dia a dia no trabalho.

Quando esses trabalhadores não têm essa habilidade, é necessário que recebam treinamento para diagnosticar o conflito, dar tratamento imediato à causa do conflito, decidir qual é o melhor remédio para o esperado efeito e avaliar os resultados obtidos.

O efeito desse treinamento é importante para as organizações que planejam grupos de trabalhadores que entendam a estratégia como forma de sobrevivência e competitividade.

Essa abordagem foca do treinamento tradicional, onde a importância é destacada no aprimoramento das atividades atuais dos trabalhadores e da organização, para a estratégica, que evidencia o tratamento psicológico do comportamento humano nas organizações e a forma com que ela identifica as oportunidades de crescimento no mercado, aliado ao desenvolvimento técnico e teórico da força de trabalho.

Critérios para a Elaboração de Treinamento

Segundo Ciavenato, (2004, p.346), a necessidade de treinamento pode ser observada por meio de alguns indicadores que podem ser identificados:

- **na admissão de pessoal:** quando as pessoas são admitidas, há a necessidade de orientações quanto às atividades que envolvem o seu cargo dentro daquela organização. Existem empresas que usam o treinamento formal enquanto outras optam pelo informal;
- **na redução de funcionários:** quando a empresa precisa enxugar o seu quadro de funcionários, deve treinar os que não foram demitidos para que executem as atividades daqueles que foram demitidos;
- **na atualização de equipamentos e tecnologias:** exige-se treinamento para as pessoas saberem lidar com equipamentos de forma adequada, ou, quando necessário, a organização precisa prover recursos de treinamento para que seus trabalhadores aprendam a lidar com novas soluções tecnológicas;
- **no lançamento de novos produtos ou serviços:** toda vez que uma empresa lança um novo produto ou serviço precisa providenciar o treinamento de acordo com o cargo para que as pessoas conheçam e saibam como trabalhar esse novo produto;
- **desperdício:** é necessário disponibilizar treinamento para a utilização adequada dos recursos materiais e maximizar o tempo disposto;
- **elevação do número de acidentes de trabalho:** muitas vezes os acidentes estão relacionados à falta de conhecimento ou de habilidade em lidar com certos equipamentos.

- **queixas no atendimento ao cliente:** pode ocorrer porque o funcionário não sabe como atender o cliente.

O processo de treinamento leva em consideração:

- **o levantamento das necessidades do treinamento:** buscam-se dados referentes ao problema detectado, aos objetivos do treinamento, às competências que estão faltando etc.
- **a elaboração e a definição do treinamento:** *Quem será treinado? Em quê? Onde? Quando? Qual o horário? Quanto tempo? Qual o material didático a ser utilizado? Quem ministrará o treinamento? O custo do treinamento?*
- **aplicação:** colocar em prática o que foi elaborado e definido na elaboração e definição do treinamento.
- **avaliação dos resultados tangíveis:** procura-se comparar a situação atual com a anterior para averiguar se houve resultados positivos. Inclui-se, também, a relação custo x benefícios;
- **avaliação dos resultados comportamentais:** os resultados comportamentais são fatores críticos do sucesso da estratégia organizacional, avaliando o clima antes e depois do treinamento por meio de medição da participação e interesse dos funcionários nos objetivos da organização. O gestor é a pessoa responsável por medir esses resultados, analisando a iniciativa dos trabalhadores em relação às metas estipuladas ou esperadas.

Os indicadores mais frequentes de resultados positivos do treinamento são: aumento da produtividade, melhoria da qualidade dos resultados, redução de custos, modificação de atitudes, aquisição de novos conhecimentos, aumento das habilidades, redução de acidentes, melhoria no clima organizacional, entre outros.

Alguns aspectos devem ser considerados no processo de treinamento. Entre eles, citamos a prática. Sem ela, não há como mudar o comportamento. Aplicar o que se aprende é fundamental e a prática aumenta o desempenho.

O treinamento envolve mudanças de comportamento, hábitos, atitudes, conhecimentos e destrezas, portanto, processos de aprendizagem. O treinamento é diferente de aulas e informações, pois envolve, necessariamente, a mudança comportamental e a aplicabilidade do que se aprendeu. Outro fator importante é o reconhecimento imediato pelo esforço no aprendizado, as pessoas respondem melhor ao treinamento quando é reconhecida imediatamente a mudança do comportamento.

Quando o treinamento não é bem receptivo ou não é incorporado como positivo pelo trabalhador, deve ser interrompido e os motivos, avaliados. Em alguns casos, a falta de interesse do trabalhador pode culminar com a própria demissão. Quando o caso acontecer por falta de perícia da organização no preparo do treinamento, o trabalhador sente-se desmotivado, o que faz com que o processo não atinja o resultado esperado. Dessa forma, é necessária uma reavaliação do tipo e do método utilizado no treinamento a fim de que seja atingido o resultado proposto no planejamento.

O treinamento deve ser ministrado por profissionais especializados no assunto proposto. Além disso, deve ser adaptado ao público, considerando-se os cargos ocupados pelos profissionais e o nível de instrução de forma que a linguagem utilizada seja pertinente no ato do treinamento.

Etapas do Treinamento (NBR ISO 10015)

As práticas de treinamento têm relação direta com os programas de Qualidade Total (ISO). O ponto de destaque desses programas é defender diretrizes que dão ênfase à melhoria dos resultados através do treinamento.

A International Standardization Organization – ISSO, com a participação da Associação Brasileira de Normas Técnicas – ABNT, elabora um documento que normaliza procedimentos para o treinamento nas organizações, a NBR ISO 10015 – Diretrizes para Treinamento, válida desde 30.05.2001 (equivalente à ISO 10015:1999). Essa norma, inserida na ISO 10000, é parte integrante da família NBR ISSO 9000.

A norma enfatiza que o treinamento é um investimento, não uma despesa, portanto, o planejamento e o desenvolvimento das ações necessitam de intencionalidade coletiva para que sejam obtidos resultados significativos e tangíveis.

Esses objetivos ficam esclarecidos quando o sistema de melhoria da qualidade pelo treinamento identifica, primeiramente, as necessidades da organização, em particular aquelas relacionadas aos clientes.

O sistema de melhoria da qualidade pelo treinamento tem início com a preocupação dos gestores quanto às necessidades de melhoria na organização. Essas necessidades são sinalizadas pelos grupos de interesse (*stakeholders*), que constantemente pressionam as organizações a desenvolverem soluções que atendam às demandas do ambiente externo.

- As soluções administrativas são planejadas seguindo os seguintes passos:
- Análise das necessidades da organização;

- Necessidades relacionadas às competências das pessoas;
- Necessidades de treinamento;
- Treinamento; e
- Avaliação do treinamento.

De acordo com a ABNT NBR ISO 10015 (2001, p.4), "o envolvimento apropriado do pessoal cuja competência está sendo desenvolvida como parte do processo de treinamento pode favorecer um sentimento de coautoria [...] tornando este pessoal mais responsável [...]".

Fica evidente que, se houver o comprometimento das pessoas no processo de treinamento, ou seja, o envolvimento desde a liderança (*top down*), a motivação pode surtir resultados superiores quanto ao desenvolvimento das competências da empresa e das pessoas.

As diretrizes para treinamento são compostas por etapas interdependentes que procuram este desenvolvimento mútuo e a qualidade dos processos e produtos:

1) Definição das necessidades de treinamento – identificação, por parte do gestor, das "lacunas" de competências existentes em relação às requeridas pelo cargo.
2) Projeto e planejamento do treinamento – definição dos insumos necessários e estratégias que serão utilizadas para que a prática do treinamento consiga corresponder às melhorias que a organização precisa alcançar.
3) Execução do treinamento – Envolvimento dos diversos departamentos (Gestão, RH e/ou terceiros) na realização da prática do treinamento.
4) Avaliação dos resultados do treinamento – Utilização de dispositivos de medição que possam avaliar os resultados antes, durante e após o treinamento.
5) Monitoração – Ação dos gestores, RH e/ou terceiros na análise e possível intervenção caso haja não conformidade nas etapas da prática de treinamento.

É importante destacar que a norma enfatiza a importância da gerência de Recursos Humanos e a necessidade de treinamento adequado. Esses princípios reconhecem que os clientes respeitam e valorizam cada vez mais o comprometimento de qualquer organização com seus recursos humanos e sua capacidade de demonstrar a estratégia adotada para melhorar a competência da sua força de trabalho.

Desenvolvimento de Pessoas e Carreira

O treinamento e o desenvolvimento caminham juntos. Embora muitas vezes façam uso das mesmas técnicas, seus objetivos são diferentes. O treinamento é pontual e está relacionado com uma carência a ser suprida naquele cargo, naquele momento. O desenvolvimento de pessoas e carreira visualiza as possíveis alterações e mudanças futuras e tem como objetivo manter as pessoas atualizadas e propensas a seguir os caminhos de sua carreira profissional.

O crescimento e o autogerenciamento de carreira é algo visto, por parte das empresas, como uma oportunidade e um dinâmico acesso para o crescimento durante a vida profissional dos trabalhadores. É um aprendizado individual, do grupo, dos superiores e daqueles que orientam a carreira, pois, adicionado a tudo isso, os trabalhadores poderão vislumbrar possibilidades e desafios, desfrutando, da melhor forma possível, o planejamento estratégico da empresa.

A orientação adequada de carreira dos trabalhadores com o foco na cultura e nos valores da empresa proporciona motivação e percepção dos cuidados com as pessoas que poderão, de forma mais fácil, assumir responsabilidades e colocar suas competências e habilidades em prática com constância de propósitos.

O desenvolvimento está voltado ao crescimento pessoal do trabalhador em direção à carreira futura e não ao cargo atual.

> *O treinamento prepara o homem para o desenvolvimento de tarefas específicas enquanto um programa de desenvolvimento gerencial e oferece ao treinando uma macrovisão do Business, preparando-os para voos mais altos, em médio e longo prazos. (MARRAS, 2002, p.167)*
>
> *Desenvolvimento é o processo de longo prazo para aperfeiçoar as capacidades e motivações dos empregados a fim de torná-los futuros membros valiosos da organização. O desenvolvimento inclui não apenas o treinamento, mas também a carreira e outras experiências. (MILKOVICH, 2000, p.338)*

O desenvolvimento pessoal é fundamental para o sucesso da empresa, transformando o potencial em real produtividade dos trabalhadores. Toda a iniciativa de orientação de carreira precede de apoio para o crescimento do desenvolvimento organizacional, ajudando a construir o futuro de maneira organizada, com ferramentas de desenvolvimento.

Apesar de as empresas utilizarem diversas ferramentas e formas para orientar as carreiras de seus talentos internos, o importante é oferecer oportunidades de desenvolvimento sustentável, identificando o lugar apropriado para as práticas aprendidas. O trabalhador deve ser incentivado a mostrar o seu melhor tanto na atividade referente à sua especialidade quanto em outras que, potencialmente, possa dirigir esforços.

Os métodos mais comuns de desenvolvimento de pessoas e carreira são:

- **participação em palestras, seminários, debates sobre temas atuais que envolvem:** política; economia; marketing; inovações tecnológicas; melhoria contínua na escrita, na fala e nos comportamentos dentro e fora das organizações, entre outros que garantam a atualização profissional;
- ***job rotation* ou rodízio de cargos:** a pessoa passa um período em outros setores da organização que não o seu. A rotação de cargos representa um aprendizado substancial das atividades que fazem parte, direta ou indiretamente, da sua especialização profissional no momento;
- **acompanhamento:** o trabalhador pode ser encaminhado para exercer outras atividades, com o papel definido de adjunto ou auxiliar de outro parceiro da organização, absorvendo conhecimento e auxiliando no exercício das atividades.
- ***coaching*:** o termo *coach* refere-se a professor particular que treina para as competições. É aquele que ensina as jogadas e estratégias, ensaia, acompanha a prática e avalia resultados. *Coaching* são sessões de aconselhamento, feitas, geralmente, por um consultor de carreira que acompanha o desenvolvimento de um profissional. É focado no desenvolvimento do trabalho e nos resultados operacionais, com reuniões com o superior hierárquico para discussões sobre desempenho e desenvolvimento. O gestor orienta o trabalhador de forma que este desenvolva, continuamente, a sua posição atual assim como atividades superiores, fornecendo feedback para que suas realizações aconteçam de forma sistêmica em curto, médio e longo prazos.
- ***mentoring*:** profissional com experiência e habilidade em relacionamento que transmite aos demais novas ideias sobre trabalho e carreira sob a forma de atenção e amizade. O mentor é uma espécie de monitor, uma pessoa que orienta, aconselha e aponta direções. O foco do seu trabalho está no desenvolvimento da pessoa e de sua carreira futura. Geralmente, o mentor adota um funcionário que apresenta algum potencial. O acompanhamento do mentor torna o profissional mais aberto à mudança, encoraja a criatividade e a inovação;
- **educação continuada:** cursos de aperfeiçoamento referentes à atividade do funcionário, à humanização dos pensamentos, aos cursos de

especialização acadêmica e profissional, às leituras continuadas, ao aperfeiçoamento dos conhecimentos e das habilidades;

- **educação corporativa:** muitas empresas têm criado suas próprias "universidades" com o objetivo de manter os funcionários constantemente atualizados. A educação corporativa é diferente da tradicional. Esta forma pessoas para o mercado de trabalho, ao passo que aquela forma pessoas e especialistas para atender às necessidades da organização. A maioria das empresas que adota a educação corporativa não tem salas de aula e ministra seus cursos a distância. O uso da videoconferência também é algo comum. Outras empresas atrelam a promoção de pessoal ao número de cursos realizados pelo trabalhador. Por ser um trabalho contínuo, prepara as pessoas para as mudanças.
- **plano de sucessão:** planejamento do desenvolvimento gerencial como parte do planejamento estratégico da empresa, identificando posições, assegurando a permanência de talentos e desenvolvendo competências e habilidades para oportunidades futuras.

> *O desenvolvimento de pessoas está intimamente relacionado ao desenvolvimento de carreiras. Carreira é uma sucessão ou sequência de cargos ocupados ao longo de sua vida profissional. A carreira pressupõe desenvolvimento profissional gradativo e cargos crescentemente mais elevados e complexos. O desenvolvimento de carreira é um processo formalizado e sequencial que focaliza o planejamento da carreira futura dos funcionários que têm potencial para ocupar cargos mais elevados. (CHIAVENATO, 2004, p.374)*

Cada funcionário deve ter um conjunto de qualificações, atributos e conhecimentos para desenvolver a sua carreira. Esse conjunto diz respeito às conquistas e realizações que, de maneira concreta, viabilizaram o crescimento da empresa, seja em termos de melhoria de processo ou em termos de rentabilidade financeira. Atributos e conhecimentos são competências que as empresas buscam nos funcionários.

As competências podem ser observadas diariamente em situações em que o funcionário é avaliado. Contudo, é importante que o profissional não se especialize apenas em uma determinada atividade ou processo, mas que conheça também suas generalidades, aquilo que impacta direta ou indiretamente o resultado do seu trabalho.

A qualidade e a produtividade são conquistadas quando o funcionário consegue analisar os seus pontos fortes e suas limitações, transformando estas últimas em pontos de melhoria contínua. Quando isso é observado, é imprescindível que as potencializados do profissional sejam desenvolvidas e que sejam oferecidas oportunidades de desenvolvimento de carreira para o talento encontrado.

Cabe à empresa identificar as oportunidades futuras de desenvolvimento de carreira para atender aos seus objetivos futuros; proporcionar uma comunicação direta com os trabalhadores sobre os seus objetivos em relação ao desenvolvimento de carreira; oferecer programas de treinamento para potencializar as capacidades dos trabalhadores; aconselhar os chefes sobre a utilização de ferramentas de avaliação de desempenho dos trabalhadores.

Cabe ao gestor: disponibilizar recursos e informações para que os trabalhadores aprimorem suas habilidades e suas competências; selecionar os trabalhadores viáveis para as vagas sob sua responsabilidade; aconselhar os trabalhadores sobre o planejamento de sua carreira na organização; avaliar, de maneira imparcial, o desempenho dos seus trabalhadores; viabilizar a entrada do trabalhador na nova etapa de sua carreira.

Cabe ao trabalhador: reconhecer os seus pontos fortes, ou seja, habilidades e competências; identificar as suas limitações profissionais; decidir seus objetivos profissionais em detrimento dos objetivos organizacionais; buscar informações e recursos com seu chefe sobre as opções existentes nas organizações para desenvolver sua carreira; escolher a opção desejada de acordo com os seus interesses e seguir as normas apresentadas pela organização.

Investimentos e Avaliação de Resultados de Treinamento

O controle dos recursos investidos em treinamento nem sempre vem representando um objetivo de aprendizado e produtividade. Muitas empresas não conseguem identificar o retorno sobre o investimento aplicado, e, dessa forma, muito se gasta e pouco se obtém de resultados positivos.

As empresas precisam criar mecanismos ou ferramentas objetivas de controle para mapear o conhecimento absorvido em um treinamento. Deixar de controlar apenas com instrumentos de questionários é o primeiro passo para sistematizar a aprendizagem e conhecer realmente as competências e as habilidades adquiridas em uma sala de treinamento.

Os empresários necessitam de resultados tangíveis para acreditarem no processo. O profissional de Recursos Humanos é o responsável por transformar em números a evolução do aprendizado intangível, e isso requer maior atenção e responsabilidade.

Segundo Ciavenato (2004), "uma empresa inteligente é aquela que administra seus recursos humanos como administra os seus recursos empresariais (máquinas, equipamentos, instalações etc.)".

As empresas perceberam que o investimento em treinamento para os seus trabalhadores, se bem planejado, garante resultados otimistas, e é o grande tesouro para a área de Recursos Humanos.

Os objetivos organizacionais e os objetivos da área de Recursos Humanos devem estar alinhados em um objetivo comum: são decisões estratégicas de forma que a variável aprendizado segue as mudanças internas e externas, ou seja, são aspectos relevantes para a sustentação da estrutura das políticas da área de Recursos Humanos.

Tanto o treinamento quanto o desenvolvimento de pessoas e carreira constituem condição básica do desenvolvimento organizacional e diferencial de sobrevivência e competitividade no mercado corporativo.

Muitas organizações utilizam o treinamento e desenvolvimento com o objetivo de capacitar o aprendizado de novas competências e habilidades, focando a multidisciplinaridade. Isso, de certo modo, pode criar uma intensidade de treinamento maior que as necessidades presentes, podendo ocorrer, também, um desgaste no relacionamento entre o trabalhador e a organização, visto que, nem sempre, as novas competências e habilidades podem ser utilizadas conforme as expectativas criadas entre as partes.

Uma empresa pode confundir capacitar com treinar, mas são coisas diferentes. Tornar capaz possui uma base temporal maior entre o aprendizado individual ou coletivo do trabalhador para desenvolver novas competências e habilidades e aplicar na organização. Treinamento, por sua vez, é um instrumento que aumenta o conhecimento teórico e prático do trabalhador para ser utilizado, imediatamente, no seu posto de trabalho.

O treinamento e o desenvolvimento podem transformar as pessoas de simples coadjuvantes do processo de desenvolvimento organizacional em agentes de mudanças pessoais e profissionais, conduzindo a empresa a alcançar seus objetivos estratégicos.

Tal cenário integra os objetivos do treinamento e desenvolvimento de pessoas e carreira aos objetivos estratégicos da organização. Por meio de pesquisas tem, inclusive, apontado resultados significativos em relação ao aperfeiçoamento de diversas áreas do conhecimento, habilidades e comportamentos dos treinandos que demonstraram profissionalismo diante das propostas da empresa.

A empresa que valoriza o aprendizado dos trabalhadores estará valorizando o atendimento dos seus clientes e parceiros do negócio. Caso a chefia perceba a evolução e a credibilidade em suas decisões, a equipe sentirá os reflexos e cada integrante fará de seus esforços os motivos para o seu desenvolvimento individual.

Um fator que merece atenção por parte tanto da organização quanto dos gestores é a resistência a mudanças por parte de trabalhadores que não estão conscientes dos resultados positivos do treinamento.

Em muitas situações, o treinamento é implementado apenas para modificar processos ou operacionalização e manuseio de máquinas e equipamentos. A falta de uma comunicação clara ou uma prévia conscientização dos motivos de tal mudança pode causar conflitos naqueles que não estão preparados para a inovação.

O treinamento deve considerar os fatores técnicos e comportamentais dos envolvidos no processo de mudança na organização, pois vale lembrar que toda mudança causa, invariavelmente, certo desconforto e insegurança. Para que o treinamento atinja, portanto, os resultados esperados, é necessário que os gestores preocupem-se com a vontade do trabalhador em querer absorver o aprendizado, reciclar conhecimentos, melhorar suas habilidades e estar favorável às mudanças; perceber o objetivo final a ser alcançado. Também será positivo.

Dessa forma, o treinamento, quando é planejado sistematicamente e focado no contexto organizacional e profissional do trabalhador, transforma-se de um meio para capacitar e suprir carências de conhecimentos, habilidades e atitudes em um modelo de gestão estratégica, que compartilha as expectativas da organização e os projetos de vida pessoal e profissional do trabalhador.

Segundo Salas e Cannon-Bowers (2001), as etapas necessárias para a realização de um treinamento eficaz referem-se a:

- condições antecedentes ao treinamento (características individuais, motivação para o treinamento, pré-condições ambientais);
- métodos de treinamento e estratégias instrucionais (aprendizagem específica, tecnologia de ensino e treinamento a distância, jogos e treinos baseados em simulação, equipes de treinamento);
- condições pós-treinamento (avaliação do treinamento e transferência de treinamento, manutenção e generalização do comportamento).

Segundo Rocha (1998), o diagnóstico das necessidades de treinamento e desenvolvimento é condição básica para a empresa alcançar os seus objetivos. Executivos utilizam o treinamento como estratégia motivacional, incentivando o feedback e despertando a própria vontade do trabalhador.

Em algumas situações, o treinamento é utilizado como punição ao trabalhador que apresenta baixa produtividade e a organização, por algum motivo, não pode desligá-lo do seu posto de trabalho. Trabalhadores com pouco interesse e falta de comprometimento com os objetivos da empresa utilizam-se do treinamento como uma fuga ou até mesmo como lazer, sem demonstrar para os gestores um risco que a organização corre por um planejamento que não atende às características comportamentais dos seus profissionais.

A estratégia de treinamento e desenvolvimento de pessoas e carreira é baseada em uma visão sistêmica em que são utilizadas ferramentas que sustentam o planejamento estratégico. Cria-se, dessa forma, um modelo instrucional que favorece tanto o aprendizado contínuo quanto a avaliação dos resultados obtidos com esse modelo.

- **ferramentas**: análise de tarefas, fluxogramas, estatísticas;
- **métodos**: simulação, prática no ambiente organizacional;
- **conteúdos:** conhecimentos, qualificações, competências requeridas.

Saber onde você está, aonde quer chegar, escolher os caminhos para alcançar seus objetivos, dar feedback efetivo e avaliar os resultados, estratégias para que o treinamento e o desenvolvimento atinjam o menor índice de contingências em uma organização.

Marks, Sabella, Burke e Zaccaro (2002) realizaram um estudo sobre o impacto do treinamento, o qual denominaram *cross-training*, que funciona da seguinte forma: o trabalhador é treinado em diversas atividades, demonstrando que pode trazer benefícios para o desempenho da equipe e da organização, ainda que necessite de maior investigação e perguntas não respondidas, como o tipo de equipe que mais se beneficia com esse modelo de treinamento.

O *cross-training* faz alusão ao trabalhador polivalente e multifuncional, que demonstra aptidão para desenvolver diversas tarefas sem se prender a um único posto de trabalho: é similar ao *job rotation* ou rodízio de atividades funcionais.

As diversas informações convergem para um modelo de treinamento eficaz que, por sua vez, admite: a necessidade de especialização do trabalhador através de um perfil de cargo bem planejado e focado em uma realidade justa internamente e competitiva externamente; a identificação de modelo instrucional que garanta a percepção do trabalhador como positiva em relação às expectativas organizacionais e pessoais; o reconhecimento das diversidades entre trabalhadores; a preocupação com as possibilidades de mudança de comportamentos e formas de conduta. Assim, o treinamento conseguirá rentabilizar o trabalho, aumentando as condições favoráveis para o desenvolvimento organizacional.

É preciso esclarecer que, apesar de as organizações terem indicado a utilização do treinamento e da reciclagem como técnicas auxiliares às estratégias da área de Recursos Humanos, constata-se que os recursos investidos em treinamento ainda carecem de maior planejamento de custos.

Grande parte delas não sabe qual a proporção de gastos distribuídos entre salários e treinamentos. O mesmo ocorre em relação aos dias de treinamento a cada ano, diminuindo o hiato de conhecimento corporativo e aumentando a conscientização quanto à importância do treinamento e do desenvolvimento de pessoas e carreira.

Percebe-se que o treinamento está muito mais ligado aos processos da área de Recursos Humanos do que à parte integrante do planejamento estratégico organizacional, motivo de desconhecimento da amplitude desse campo de estudo e seus benefícios para a organização e para os trabalhadores.

As empresas precisam avaliar a forma de reconhecer as suas necessidades de treinamento seguindo o processo de diagnóstico. Devem contar com profissionais capacitados e experientes da área de Recursos Humanos, aqueles que forneçam informações relevantes e sugestões a respeito dos melhores caminhos a serem seguidos para que os resultados esperados possam ser alcançados.

Na medida do possível, devem procurar treinar o maior número de pessoas, não se concentrando em um número pequeno de forma a evitar, com isso, os riscos de se perder, para a concorrência, profissionais já treinados.

Estudo de Caso 5

Agora, a empresa está se desenvolvendo muito mais e melhor do que no início, quando o cenário era repleto de dúvidas quanto à sobrevivência frente às ameaças eminentes da concorrência e da própria forma de administrar o negócio.

A área de Recursos Humanos, desde então, vem desenvolvendo práticas de treinamento que estão surtindo os resultados esperados e, quando não, o processo colabora para a identificação de correções e melhorias. As pessoas estão participando com motivação do desenvolvimento de suas competências e habilidades e melhorando, cada vez mais, as suas atitudes conforme a cultura da empresa.

Conforme o capítulo estudado, qual é a melhor técnica de treinamento e desenvolvimento que produz resultados em curto prazo e deve ser adotada pela empresa como "carro-chefe" de sua política de Recursos Humanos? Justifique.

6

A empresa avaliando o desempenho

Quando abordo que as empresas inteligentes precisam de indicadores de desempenho para monitorar as suas atividades e com eles apoiar as decisões internas, procuro analisar os impactos positivos e negativos na estratégia empresarial assim como no desenvolvimento macroambiental onde as pessoas ou trabalhadores estão inseridos.

As metodologias aplicadas para investigação de fatos concretos, que sustentem a eficácia das empresas perante o mercado consumidor e concorrente, mostram que o instrumento de aferição do processo de desempenho está muito mais associado ao grau de adesão dos trabalhadores, clientes, fornecedores e sociedade aos objetivos da empresa do que à própria aplicação de receituários formais, tradicionais de avaliação do desempenho.

Na Gestão das Competências que congrega os **C**onhecimentos, as **H**abilidades e a **A**titude, conhecida como **CHA**, percebemos fatos ao menos curiosos. Quando nos permitimos analisar as possibilidades para chegarmos próximos de uma objetividade que as empresas esperam no momento de decidir sobre qualquer assunto, principalmente sobre as pessoas, deparamo-nos com algumas constatações.

O **C**onhecimento adquirido pelas pessoas (saber) ao longo de sua vida profissional é algo que as empresas podem mapear, seja por meio do currículo profissional ou por referências formais (certificados, diplomas, entrevistas etc), ou seja, é possível constatar objetivamente o rol de oportunidades que o trabalhador oferece para as empresas. Da mesma forma, em relação às **H**abilidades ou destrezas com que os trabalhadores executam aquilo que sabem, também é possível que se estabeleçam critérios de análise em relação às competências de que as empresas necessitam, o que faz com que muitas avaliem seus trabalhadores por meio de testes práticos, situacionais, e outros, de maneira objetiva e factual. Quanto às **A**titudes, deixamos para os especialistas da Psicologia uma análise um pouco mais aprofundada sobre a possibilidade de transferir, para o campo da objetividade, certas variáveis de comportamento que complementam essas competências, auxiliando ainda mais as empresas quando devem tomar uma decisão sobre o desempenho do trabalhador.

Se analisarmos matematicamente esse cenário, podemos chegar à conclusão que dois terços das competências, ou seja, do **CHA** podemos tratar de maneira objetiva e concreta, sem levar em consideração as variáveis subjetivas. Ocorre que as empresas ou profissionais especializados não conseguem refletir sobre essa possibilidade, deixando escapar oportunidades valiosas de administração do conhecimento empresarial.

As possibilidades encontradas em variáveis formais de avaliação de desempenho apoiam um sistema maior, formado por partes que se inter-relacionam e dessa relação emergem os resultados, que direta ou indiretamente intervém, de maneira positiva ou negativa, no entendimento desse sistema. A visão apequenada do processo de avaliação de desempenho humano e empresarial não contribui para o aprofundamento dessa questão conflitante, pois basta um instrumento ser mal administrado para que todo um processo não alcance o resultado esperado. É importante que haja uma reflexão profunda por parte dos gestores empresariais quanto ao objetivo geral de qualquer instrumento de avaliação de desempenho quando aplicado e que cada variável apontada não esbarre na subjetividade que em muitos casos se apresenta.

Sem essa interação a empresa não respira, pois estamos diante de um processo de aprendizagem contínuo onde o conhecimento é vivo e cresce em função do meio ambiente. Para alcançar a excelência, é importante que as partes falem a mesma linguagem em uma conversão aos objetivos da própria empresa.

Não podemos mais aceitar que empresas ainda invistam em treinamento para os trabalhadores e que, quando estes retornem, repletos de vida e ideias, não possam contribuir para o desenvolvimento organizacional simplesmente por serem barrados por normas que não se renovam e procedimentos engessados. Monitorar o desempenho ou o desenvolvimento requer mudanças de padrões e, para isso, é necessário que haja uma mudança de atitude por parte dos gestores em querer, assim, melhorar as suas práticas.

Alguns conceitos importantes servem de alerta para que os gestores e interessados revejam seus métodos de trabalho em suas empresas.

Conceitos Básicos

Para compreender a avaliação do desempenho dentro das empresas, os conceitos de desempenho e avaliação devem ser esclarecidos, objetivos e direcionados para o negócio.

Entende-se por desempenho humano o cumprimento ou execução de determinada meta planejada, e por avaliação de desempenho o processo que mede o desempenho do trabalhador frente às metas previamente contratadas.

> *Avaliação do desempenho humano é a identificação, mensuração e administração do desempenho humano nas organizações. A identificação apoia-se na análise de cargos e procura determinar as áreas de trabalho que devem ser examinadas quando se mede o desempenho. A mensuração é o elemento central do sistema de avaliação e procura determinar como o desempenho pode ser comparado com certos padrões objetivos. A administração é o ponto-chave de todo o sistema de avaliação. (CHIAVENATO, 2004, p.223)*
>
> *Avaliação de desempenho (AD) é um instrumento gerencial que permite ao administrador mensurar os resultados obtidos por um empregado ou por um grupo, em período e área específicos (conhecimentos, metas, habilidades etc.). (MARRAS, 2002, p.173).*

Cabe salientar que o processo de avaliação de desempenho permite às empresas não só analisar de que forma os trabalhadores assimilam o processo de trabalho, colocando em prática as suas potencialidades na direção dos objetivos da empresa, como ajudam a medir o grau de eficiência das estratégias administrativas planejadas para que um determinado objetivo seja alcançado no mercado consumidor e concorrente. Além disso, é importante que as empresas utilizem esse instrumento gerencial para projetar as necessidades de aperfeiçoamento **técnico** nas operações, **teórico** para a elaboração de propostas de melhoria e **comportamental** para melhorar a postura dos trabalhadores frente ao ambiente de trabalho.

Quando o instrumento de avaliação de desempenho é administrado sem relevância profissional, ele é percebido pelos trabalhadores como mais um instrumento que servirá para punir as pessoas, caso que, erroneamente, ainda é praticado pelas empresas.

O objetivo maior desse instrumento é ser gregário no cumprimento das atividades de Recursos Humanos, pois os profissionais da área poderão conscientizar a alta administração dos resultados benéficos que ele poderá surtir. A verdade é que a avaliação de desempenho é mais que um instrumento para análise de pontos positivos e negativos; é importante que seja encarada como um método para se alcançar um objetivo focado no negócio.

Objetivos da Avaliação de Desempenho

A avaliação do desempenho nas empresas tem por objetivo verificar o resultado de um investimento realizado em uma determinada trajetória profissional, de acordo com a desenvoltura dos trabalhadores nos aspectos técnico, teórico e comportamental. Isso é feito sem que seja deixada de lado a manutenção do Clima Organizacional, que contribui para que a empresa decida a estratégia de aprendizado e produtividade.

Além disso, é um instrumento que serve para:

- analisar a contribuição (do profissional ou do grupo) nos resultados da empresa;
- identificar as oportunidades de treinamento;
- desenvolver potenciais talentos;
- administrar uma política coerente de Cargos e Salários;
- avaliar o sistema de remuneração;
- promover com justiça e equidade a carreira dos profissionais;
- elaborar programas de incentivo e recompensa variável;
- promover novas experiências em outros departamentos;
- fornecer feedback aos trabalhadores sobre a evolução de aprendizado e produtividade;
- avaliar as possíveis demissões, quando necessário.

As metas, em geral, são estabelecidas por meio de resultados, conhecimentos, habilidades e comportamentos exigidos pelo cargo que o trabalhador ocupa: pelo conhecimento adquirido na empresa; pela destreza em colocar em prática esses conhecimentos, contribuindo para o aumento da produtividade; pela postura diante de desafios e novos conhecimentos que por ventura a empresa necessite e pela análise entre os resultados esperados em relação aos obtidos.

Os Avaliadores

São as empresas, de acordo com a sua proposta de negócio e sua cultura, que decidem a maneira de como avaliar quem, quando e utilizando qual estratégia.

Segundo Chiavenato (2004, p. 227), pode ser feito o uso de:

- autoavaliação: o próprio empregado avalia o seu desempenho;
- gerente ou superior imediato é quem avalia o desempenho de seus subordinados;
- subordinado e o seu superior, em conjunto;
- equipe de trabalho;
- várias pessoas envolvidas com o avaliado: superior imediato, subordinados, colegas, clientes, fornecedores, conhecida como Avaliação de Desempenho 360 Graus;
- avaliação para cima, através da qual o grupo avalia o seu superior;
- comissão de avaliação de desempenho. É definida ou contrata uma comissão para avaliar o desempenho dos funcionários;
- (a) área de Recursos Humanos que, em geral, obtém dados através do superior imediato, trabalha com relatórios, médias e não com desempenho individual.

É importante que a avaliação de desempenho seja implementada respeitando as características de cada empresa. Não se pode entender a sua utilização como estanque, procurando identificar apenas os defeitos e as virtudes no processo de trabalho a partir da execução prática, mas, de certa forma, revestir a ferramenta com a "cara" e o "formato" da empresa e buscar interagir não só com o ambiente interno, como também com o externo. Isso gera, para a empresa, uma oportunidade de análise generalizada da participação dos trabalhadores no processo de crescimento profissional e empresarial.

Quanto maior for a amplitude de análise do desempenho, ou seja, quanto mais pessoas participarem desse processo, menor será a margem de parcialidade. Isso proporcionará, para a empresa e para os trabalhadores, uma radiografia fiel da desenvoltura naquele determinado período.

Métodos de Avaliação de Desempenho

Alguns métodos são utilizados pelas empresas quando se trata do instrumento avaliação de desempenho. A maneira **informal,** em que o ascendente profissional responde a perguntas relacionadas à trajetória de produtividade do trabalhador em evidência e a **formal**, quando se faz uso de documento padronizado elaborado, em grande parte, pela área de Recursos Humanos e pelo gestor avaliador, de acordo com o que se estabelece como desempenho para determinado posto de trabalho.

Alguns instrumentos formais são encontrados nas empresas. Os tradicionais são:

Escalas Gráficas

É o método mais usado nas empresas. Consiste em estabelecer variáveis que a empresa define como desempenho (ex.: conhecimento, habilidade, assiduidade, responsabilidade, iniciativa etc.).

Essas variáveis são intercaladas em escalas e graus determinantes, e cada grau da escala com valor em pontos. É importante que o resultado final ou a pontuação estabelecida e apurada do trabalhador esteja alinhada aos objetivos da empresa, de maneira justa à compreensão de todos os envolvidos.

Análise Crítica

O método da análise crítica leva em consideração as potencialidades e limitações do trabalhador avaliado. O responsável pelo departamento define as variáveis para o desempenho da atividade e descreve, objetivamente, os pontos positivos e negativos do desempenho laboral.

Método 360 Graus

O trabalhador é avaliado por todos os demais trabalhadores que, direta ou indiretamente, interagem no desenvolvimento de suas atividades diárias (colegas, chefes, clientes externos, fornecedores).

A avaliação mostra, com maior fidelidade, o desenvolvimento ou progresso do trabalhador com a visão de todas ou quase todas as possibilidades de desvios de determinado avaliador, o que pode demonstrar alguma tendência negativa.

O fato de existirem várias formas de avaliar o desempenho do trabalhador e da empresa também não diminui a incidência de as empresas não identificarem o instrumento como de grande valia na atualidade. Se a área de Recursos Humanos conseguir orientar esforços no sentido de valorizar esse método de trabalho, os trabalhadores perceberão que se trata de mais um mecanismo que está à disposição de empresas inteligentes que buscam o crescimento sustentável.

Avaliação de Desempenho Estratégica

As empresas passam por avaliações todos os dias. É fato que elas precisam melhorar a cada ano, a cada mês, a cada dia, a cada hora, a cada minuto e a cada segundo, construindo a sua história no perigoso mercado de trabalho.

Cada vez mais, a força de trabalho impulsiona essa missão organizacional com seus insumos e resultados alcançados, compartilhando das decisões e melhorando, continuamente, os produtos ou serviços.

O raciocínio por trás desse fato é que a capacidade produtiva e as pessoas devem ser avaliadas periodicamente por aquilo que respondem no processo de trabalho, assim como a capacidade de produzir inovações, trabalhar bem sozinhas e em grupos. A empresa pode melhorar esse cenário, porém a diversidade de comportamentos representa as características individuais que os trabalhadores desenvolveram ao longo da vida e, dificilmente, são modificáveis, a não ser que se motivem a buscar melhores resultados a cada momento.

As empresas concorrem em dois mercados distintos: o dos clientes e dos concorrentes propriamente ditos; e o de funcionários, que flutuam conforme as suas satisfações profissionais. Vale dizer que o investimento na contratação de um funcionário deve ser contabilizado como de longo prazo, o que evita perdas irrecuperáveis com treinamentos que não possam surtir efeitos para a empresa investidora, mas sim para a concorrência.

A avaliação de desempenho busca identificar esse cenário empresarial que anda marginalmente entre a motivação e a desmotivação das pessoas e da própria empresa com os resultados alcançados. Corrige rumos e identifica possibilidades de desenvolvimento empresarial e profissional da força de trabalho.

O tratamento dado à avaliação de desempenho deve atingir as expectativas de ambos (empresa e funcionário) e não ser considerado como avaliação punitiva, o que, de certo, é inócuo em se tratando de uma ferramenta de gestão estratégica.

A empresa precisa entender os conceitos da avaliação de desempenho em uma profunda reflexão sobre a sua importância como ferramenta de desenvolvimento organizacional; fazer dela um instrumento de procura das novas demandas organizacionais sobre os indivíduos, como iniciativa, autonomia, criatividade, inovação, trabalho em equipe etc.

A avaliação de desempenho, cada vez mais, está sendo destaque como um dos processos mais estratégicos, diretamente relacionada com o planejamento estratégico de Recursos Humanos.

Avaliação de Desempenho Individual e da Equipe

De alguma forma, a avaliação de desempenho está inserida em um contexto em que cada tarefa realizada por um indivíduo é julgada por outros, geralmente o superior imediato. Muitas vezes, existe uma avaliação contínua dos trabalhadores em seu posto de trabalho, porém, nem sempre existe feedback do desempenho nem critérios claros acordados entre as partes para a verificação do desenvolvimento desse desempenho.

Julgamentos inconsistentes fazem parte do cotidiano de quem avalia ou é avaliado, consequência da falta de critérios para definir as variáveis e as condições de trabalho na empresa. Daí a necessidade de serem criados instrumentos capazes de avaliar o desempenho através de comparações efetivas, visto que o desempenho é uma ação, em um determinado momento, decorrente de algum projeto de trabalho. Deve medir, portanto, os conhecimentos, as habilidades específicas em um determinado tempo e por resultados concretos, tanto por parte do trabalhador quanto da empresa, que disponibiliza recursos para o desempenho das tarefas.

As competências produzem a qualidade e a produtividade esperadas pela empresa; quanto maior for a competência de um trabalhador, maiores serão as chances de um bom desempenho. A competência melhora com a experiência e suas características potenciais são: capacidade técnica, bom relacionamento no ambiente de trabalho, adaptação, proatividade e respeito. Reunidas essas habilidades, há um aumento na qualidade e um melhor desempenho na realização de determinadas tarefas.

As condições de trabalho nem sempre facilitadoras influenciam o desempenho do trabalhador. Uma cultura que despreza as características individuais adota regras ou procedimentos que incentivam a desigualdade, julgamentos injustos e falta com o respeito. Vale-se das diversidades de pessoas, favorecendo um ambiente adverso e não propício a um bom desempenho.

A sinergia depende do somatório de competências de cada participante de uma equipe e da mobilização de esforços interdependentes para se alcançar um bom desempenho. Cabe à empresa proporcionar uma forma de integrar e mobilizar as competências individuais a fim de formar uma competência coletiva.

Indicadores de Desempenho

Em virtude da intensificação de métodos utilizados para avaliar o desenvolvimento das empresas, em grande parte causada pelo advento da globalização, que pressiona o mercado e as pessoas a oferecerem produtos e serviços com qualidade assegurada, as empresas buscam, a todo instante, melhorar o acervo de indicadores de desempenho para que possam competir nesse mercado cada vez mais acirrado.

Os indicadores de desempenho melhoram a compreensão dos gestores sobre as diversas variáveis que interferem na missão da empresa. Essas variáveis precisam ser de tempos em tempos analisadas e confrontadas do ponto de vista estratégico. Após verificação, servem de suporte às várias formas de decisão.

Não se pode estudar a evolução de qualquer planejamento estratégico sem contar com instrumentos que analisem a trajetória empresarial em um determinado momento. Quando o assunto é pessoas e desenvolvimento de carreira, a área de Recursos Humanos consegue registrar, no seu banco de dados, indicadores de desempenho que orientam os gestores quanto à finalidade proposta.

Seguem alguns indicadores que auxiliam na avaliação do desempenho dos trabalhadores:

- **interesse pelo trabalho:** demonstração de interesse na realização de suas atividades no ambiente de trabalho;
- **conhecimento do trabalho:** domínio das atividades de sua função (aspectos técnicos e teóricos);
- **assiduidade:** frequência ao ambiente de trabalho;
- **participação:** compromisso em participar de discussões e sugerir decisões;
- **iniciativa:** capacidade de atuar em diferentes situações e sugerir providências viáveis;
- **criatividade e inovação**: capacidade de criar e implementar soluções;
- **prazos:** capacidade para cumprir prazos estabelecidos e atingir as metas estabelecidas;
- **qualidade do trabalho:** capacidade de exatidão e ordem no trabalho;
- **organização:** capacidade de zelar pelo ambiente de trabalho;
- **responsabilidade:** capacidade de comprometimento com os resultados;
- **habilidade:** capacidade de colocar em prática o conhecimento adquirido;
- **comunicação:** capacidade de se expressar de maneira clara e objetiva;
- **espírito de equipe:** capacidade para trabalhar em equipe, com interdependência;
- **liderança:** capacidade de direcionar a equipe a obter resultados, com planejamento, segurança e facilidade para tomar decisões;
- **racionalidade:** capacidade de racionalização dos recursos disponíveis;
- **flexibilidade:** capacidade para contornar dificuldades e procurar alternativas coerentes.

Veja agora alguns indicadores que servem para avaliar o desempenho da empresa:

- **objetivos:** capacidade para administrar a empresa, suas estratégias e os caminhos escolhidos para a excelência; refere-se à visão de futuro, à missão e aos objetivos organizacionais;
- **estrutura:** forma de divisão dos trabalhos; os papéis atribuídos às pessoas e a capacidade de os departamentos atenderem às expectativas geradas no modelo de gestão;
- **mudanças:** disposição da empresa em adotar mudanças e processos de melhoria contínua;
- **relacionamentos:** forma como a empresa percebe os trabalhadores ao seu redor; refere-se à harmonia de relacionamentos e como os conflitos são administrados;
- **qualidade das informações e do trabalho:** capacidade para gerar os recursos e informações compartilhando com os demais envolvidos para que haja continuidade do negócio;
- **política de Recursos Humanos:** capacidade que empresa tem para oferecer oportunidades profissionais, planos de desenvolvimento de carreira e incentivos; refere-se à existência de condições favoráveis no âmbito das relações de emprego para o desenvolvimento de carreira e organizacional.

A área de Recursos Humanos propõe uma revolução em sua forma de administrar, com objetividade, metas e referências mensuráveis, quantitativas e qualitativas, disponibilizando informações concretas e confiáveis para os gestores e os trabalhadores. Com isso, objetivam-se os esforços de mudanças que visam a melhorar o negócio, saiam do discurso e não se transformem em mais uma prática burocrática sem sustentação.

7

Educação Continuada

Muitas empresas entendem que a educação continuada serve apenas para os gestores, que são encaminhados para fazerem cursos externos, ao passo que os demais trabalhadores recebem treinamento interno que, muitas vezes, não representam a relevância necessária para as aspirações organizacionais e para a prática da execução das atividades.

Outro aspecto é a falta de monitoramento e avaliação dos resultados alcançados com treinamentos. A modernidade e o desenvolvimento organizacional dependem de iniciativas planejadas quando o assunto é o aprimoramento do conhecimento das pessoas.

Os trabalhadores recebem a carga de conhecimentos e não incorporam como possibilidades de desafios e comprometimento com o sucesso do negócio. Dessa forma, criam um hiato entre a capacidade que a empresa possui de inovação e competitividade e as competências instaladas para movimentar esse processo.

A educação continuada deve ser valorizada com o mesmo objetivo comum e a mesma intensidade do seu corpo de gestores, aumentando o leque de possibilidades e abrangência do negócio. Um exemplo disso é o projeto *trainee*, que busca jovens estudantes formados de universidades para oportunizar a pratica dos conhecimentos adquiridos em sala de aula. As competências abstraídas pelos jovens acadêmicos são analisadas e aprimoradas em um curto espaço de tempo por gestores experientes da empresa que orientam os primeiros caminhos da execução das tarefas.

A educação continuada é um projeto que capacita e aconselha a carreira dos jovens profissionais, mas que não perde o propósito essencial de continuidade do aprendizado, consolidando a proposta de preparar o gestor do amanhã. Uma programação educativa é planejada para que o profissional não interrompa os seus estudos, com orientações práticas, vivenciando a área da empresa, em períodos determinados e proferidas pelos próprios gestores da sua área de atuação. Além disso, algumas empresas trazem, ainda, instrutores experientes de fora para complementar o aprendizado do profissional.

Outro modelo de educação continuada utilizado por várias empresas é o Ensino a Distância (EAD), que, através do *e-learning,* consegue atingir uma massa de população que, por várias razões, não pode assistir às aulas presenciais. O modelo foi concebido de maneira virtual em que a pessoa, por meio de recurso audiovisual, consegue participar de aulas como se lá estivesse. Instrutores e professores do outro lado da telinha proporcionam às pessoas as mesmas oportunidades de conhecimento que em uma aula presencial, porém com uma limitação: não há a interação direta com o docente como acontece em uma aula presencial, em que o aluno pode intervir e perguntar a qualquer instante.

No passado, uma das grandes iniciativas quanto à educação a distância e uma das pioneiras foi o Telecurso, que ainda proporciona um ensino de qualidade para grande parte da população que não dispõe de recursos para frequentar uma sala de aula. Um projeto idealizado pelo saudoso Sr. Roberto Marinho da Rede Globo de Televisão, um vanguardista no campo das comunicações, a quem este livro rende as mais sinceras homenagens.

O ensino virtual acabou surtindo os efeitos positivos para as pessoas e para as empresas, que entenderam que o compromisso da educação continuada é a iniciativa de prover recursos para o aprendizado contínuo, independente do local onde as pessoas estejam e no momento mais adequado do seu dia-a-dia.

São diversas as formas como as empresas podem aprender continuamente, desde que o desenvolvimento das pessoas seja extensão do desenvolvimento organizacional. Aprender significa um processo contínuo e não um processo isolado. A construção desse aprendizado deve girar em torno das pessoas e não de programas de treinamento. Em vez de uma série de programas formatados (pacotes) pela área de Recursos Humanos, os cursos devem considerar as necessidades do negócio, as necessidades das pessoas e a época propícia.

Estruturando o Trabalho

Os sistemas antigos tradicionais de controle da produtividade e das pessoas perdem muito da sua capacidade de reação às alterações do mundo globalizado. Essas empresas valorizam a especialização dos seus trabalhadores em atividades rotineiras e de fácil mensuração e controle, não se preparando para as novas demandas que o mercado exige que sejam atendidas.

O conceito traz prejuízos tanto para os trabalhadores quanto para a própria empresa e muitos gestores acreditam ser esse o preço pela modernidade e pela produtividade. Caminhando nesse horizonte, as empresas deixam de trabalhar com as oportunidades, visualizando apenas a previsibilidade de suas atividades.

A Qualidade Total foi um incentivo para que as empresas se modernizassem e permitissem que a gestão do conhecimento entrasse no cotidiano. Ensaios de modernidade são encontrados em paradigmas rompidos como o fim das salas fechadas de gestores, uma comunicação mais bem elaborada privilegiando a opinião das pessoas e o incentivo à sugestões dos trabalhadores. Muito embora não seja suficiente para entrar na modernidade das empresas inteligentes, muitas empresas estão se reestruturando a fim de recuperar o tempo ocioso perdido.

Talvez a evidência de que as empresas estão melhorando a forma de trabalhar com o aprimoramento de novas atitudes seja o grande número de investimento em educação interna e aprimoramento profissional dos trabalhadores ativos, pois o trabalho é a mais importante fonte de aprendizado dos trabalhadores.

É importante estruturar primeiro a cultura da empresa e desenvolver mecanismos de atualização frente às mudanças, proporcionando alternativas de flexibilidade de decisões por parte da alta direção. Políticas e as diretrizes que contemplem o aprendizado da empresa são fatores primordiais no caminho da competitividade. Trata-se de algo que deve ser incorporado pelos gestores e disseminado com o mesmo objetivo que a missão da empresa.

As pessoas precisam entender que trabalham em uma empresa que aprende continuamente e, com isso, sentirão satisfação em aprender e aprimorar suas atividades, antes rotineiras. É possível realizar esta tarefa de estruturar o trabalho em qualquer ramo de atividade, basta proatividade da empresa em querer saber aprender e se renovar frequentemente.

Compartilhando Ideias

A gestão participativa é um dos grandes exemplos de empresas que se antecipam às ameaças do mercado, criando oportunidades de futuro. Basta dizer que a participação dos trabalhadores nas decisões, mesmo que ínfimas, repercute positivamente na satisfação no trabalho. Exemplo disso é a forma como empresas têm socializado e compartilhado ideias sobre as informações estratégicas através de comitês formados com representatividade da empresa e dos trabalhadores com o intuito de colaborar para a continuidade da empresa.

O comitê trabalha, em grande parte, com indicadores de desempenho e ajuda na decisão sobre assuntos importantes da empresa, como: resultados periódicos, clima organizacional, capacidade de produção, contratações, desligamentos, plano de cargos e salários, treinamento e desenvolvimento de carreira dos trabalhadores, produtividade e adequação da capacidade de consumo externo com a capacidade de produção interna.

Os trabalhadores recebem informações frequentes sobre as decisões e ideias e fazem parte do apoio para que as estratégias sejam cumpridas. Para facilitar o processo de participação, as empresas abrem canais de comunicação para que os trabalhadores defendam as suas ideias. A troca de experiências é importante para que a coletividade ganhe notoriedade e desempenhe o seu papel da melhor forma possível.

Uma postura tradicional onde o importante é a fonte de poder, de forma que a influência não consegue democratizar o pensamento tampouco humanizar as atitudes e o comportamento das pessoas. A satisfação no trabalho está intimamente ligada à possibilidade que as pessoas têm de participar da vida da "sua" empresa. O desafio de encontrar meios para incentivar a democracia empresarial é, acima de tudo, um grande passo em direção ao descongelamento de ranços do passado, praticando novas possibilidades de ganho no negócio.

Os benefícios de uma cultura voltada aos sistemas de gestão de ideias são mais proveitosos se comparados a uma cultura fechada e inflexível. As atividades precisam ser reestruturadas para que os trabalhadores tenham a oportunidade de desenvolver suas habilidades e competências, o que se torna possível quando a empresa analisa os seus valores, melhora os conceitos sobre o futuro empresarial e se julga apta para criar o seu futuro.

A comunicação não deve ser a barreira do desenvolvimento empresarial; ela deve, sim, ser o portão de entrada para uma nova era de equilíbrio e satisfação de todos quanto aos projetos de trabalho.

Modelo de Alto Desempenho

Os modelos de gestão sofrem transição conforme a velocidade das mudanças e a adequação das empresas perante o mercado. Um modelo pode ser eficaz em determinado momento, porém pode surgir outro que melhore a capacidade organizacional, de forma que o anterior passe a não ser mais importante.

Quando (re)surgiu a tendência "Educação corporativa", percebeu-se que as características encontradas no modelo de desenvolvimento profissional e intelectual das pessoas são indissociáveis de qualquer modelo ou ferramenta de gestão que não contemple a educação corporativa. A importância de uma marca, de um produto, da imagem e das pessoas depende, fundamentalmente, do conhecimento adquirido e das experiências para que sejam desenvolvidas as competências e aprimoradas as habilidades.

É compromisso das empresas buscar inovar e rever cada aspecto do trabalho para objetivar melhorias dos trabalhadores, principalmente ajudá-los a atingir o seu potencial máximo em termos de produtividade.

É possível idealizar uma empresa assim; talvez o fenômeno não seja tão difícil de ser entendido, basta que a responsabilidade de criar novas oportunidades de negócios e oportunidades de carreira seja prerrogativa do mais alto dirigente da empresa. Caso isso seja verídico, os trabalhadores encontrarão recursos e possibilidades de ampliar suas experiências e produzir com qualidade superior.

Investindo no Futuro

O ditado *"Não é possível ensinar papagaio velho a falar"* resume o que muitas empresas adotam como práticas de desenvolvimento organizacional e profissional dos trabalhadores. Velhos conceitos e tradicionalismo representam baixo investimento no aprimoramento de competências dos trabalhadores. Como consequência disso, têm-se o alto índice de mortalidade de empresas no Brasil.

Neste novo milênio, o traço marcante das empresas é a capacidade de investir parte da receita em programas de revitalização da sua força de trabalho mais experiente, proporcionando segurança, estabilidade e apoio aos novos profissionais, que sentem, naqueles, a figura do orientador e aconselhador de carreira.

Os jovens de hoje serão os experientes de amanhã e, para aqueles que ainda não se deram conta disso, muitas empresas custeiam cursos universitários de graduação e pós-graduação dos trabalhadores como estratégia de investimento do futuro.

A taxa de retorno desse investimento, se bem planejada, será o diferencial de competitividade de que as empresas precisam para sedimentar o seu posicionamento no mercado.

A construção do processo empreendedor garante para as empresas uma vantagem inexorável de sucesso diante das outras que perpetuam o mecanicismo antigo e sem propósito.

Referências Bibliográficas

BERGAMINI, C. W. *Psicologia aplicada à administração de empresas*. 3ª ed. São Paulo: Atlas; 1992.

BOHLANDER, G. W. *Administração de recursos humanos*. São Paulo: Pioneira Thomson Learning; 2003.

CARVALHO, A. V.; NASCIMENTO,L. P. *Administração de recursos humanos*. São Paulo: Pioneira Thomson Learning; 2002.

CHIAVENATO, I. *Gestão de pessoas*: *o novo papel dos recursos humanos nas organizações*. 2ª ed. Rio de Janeiro: Elsevier; 2004.

________. *Introdução à teoria geral da administração*. 3ª ed. São Paulo: McGraw-Hill; 1983.

CORADI, C. D. *O comportamento humano em administração de empresas*. São Paulo: Pioneira; 1986.

COVEY, S. *Os sete hábitos das pessoas altamente eficazes*. São Paulo: Best Seller; 2001.

DAVENPORT, T. H., PRUSAK, L. *Conhecimento empresarial*. Rio de Janeiro: Campus; 1998.

DRUCKER, P. *Desafios gerenciais para o século XXI*. São Paulo: Pioneira; 1999.

DUBRIN, A.J. *Fundamentos do comportamento organizacional*. São Paulo: Pioneira Thomson Learning; 2003.

DUTRA, J.S. *Gestão de Pessoas*: *modelos, processos, tendências e perspectivas*. São Paulo: Atlas; 2002.

FERREIRA, V. C. P; CARDOSO, A. S. R.; CORRÊA, C.J.; FRANÇA, C.F. *Modelos de gestão*. Rio de Janeiro: Editora FGV; 2005.

FIDELIS, G. J.; BANOV, M. R. *Gestão de Recursos Humanos: tradicional e estratégica*. São Paulo: Érica; 2006.

GIL, A. C. *Administração de recursos humanos: um enfoque profissional*. São Paulo: Atlas; 1994.

GHOSHAL, S. *Estratégia e gestão empresarial: construindo empresas brasileiras de sucesso*. Rio de Janeiro: Elsevier; 2004.

GOLDRATT, E.M. *Não é sorte*; trad. Thomas Corbett Neto. São Paulo: Nobel; 2004.

HAMPTON, D.R. *Administração, comportamento organizacional*. São Paulo: Makron Books; 1990.

KANAANE, R. *Comportamento humano nas organizações: o homem rumo ao século XXI*. São Paulo: Atlas; 1999.

KUAZAQUI, E.; KANAANE, R. *Marketing e desenvolvimento de competências*. São Paulo: Nobel; 2004.

LACOMBRE, F. *Recursos humanos: princípios e tendências*. São Paulo: Saraiva, 2005.

LOBATO, D. M.; FILHO, J. M.; TORRES, M. C. S.; RODRIGUES, M. R. A. *Estratégia de empresas*. 7. ed. Rio de Janeiro: Editora FGV; 2006.

MACHADO, L. R. S. *Educação e divisão social do trabalho*. São Paulo: Editora Autores Associados; 1982.

MARKS, M. A., SABELLA, M. J, BURKE, C. S & ZACCARO, S. J. (2002). *The impact of cross training on team effectiveness*. Journal of Applied Psychology, 87 (1) 3-13.

MARRAS, J. P. *Administração de recursos humanos: do operacional ao estratégico*. São Paulo: Futura; 2002.

MEISTER, J. C. *Educação corporativa – gestão do capital intelectual através das universidades corporativas*. São Paulo: Makron Books; 1999.

MILKOVICH, G. T.; BOUDREAU, J. W. *Administração de recursos humanos*. São Paulo: Atlas; 2000.

MINARELLI, J. A. *Empregabilidade: o caminho das pedras*. São Paulo: Gente, 1995.

MINTZBERG, H.; AHLSTRAND, BRUCE & LAMPEL, J. *Safari de estratégia*. Porto Alegre, Bookman; 2000.

MONTANA, P. J.; CHARNOV, B. H. *Administração*; tradução Cid Knipel Moreira. 2.ed. São Paulo: Saraiva; 2006.

NONAKA, I & TAKEUCHI, H. *Criação do conhecimento na empresa*. Rio de Janeiro: Campus; 1987.

OLIVEIRA, D. P. R. *Planejamento estratégico: conceitos, metodologia e práticas*. 20.ed. São Paulo: Atlas; 2004.

QUINN, Robert E. [et al.]; *Competências gerenciais: princípios e aplicações*; trad. Cristina de Assis Serra. Rio de Janeiro: Elsevier; 2003.

ROBBINS, S. P. *Comportamento organizacional*; trad. Técnica Reynaldo Marcondes. 11ª ed. São Paulo: Prentice-Hall; 2005.

________. *A verdade sobre gerenciar pessoas*, revisão técnica Carlos E. Mariano da Silva. São Paulo: Prentice Hall; 2003.

ROCHA, E. P. *Educação profissional na empresa*: T&D-Treinamento e Desenvolvimento, 72(6), 1998, pp. 18-19.

SALAS, E & CANNON, B. J. A. *The science of training: A decade on progress*. Annual Review of Psychology, 2001; 52, 471-479.

SEGNINI, L. R. P. *Sobre a identidade do poder nas relações de trabalho*. In: FLEURY, M. T.L.; FISCHER, R. M. *Cultura e poder nas organizações*. São Paulo: Atlas; 1989.

SILVA, M. L.; NUNES. G. S. *Recrutamento e seleção de pessoal.* São Paulo: Érica, 2002.

SPECTOR, P. E. *Psicologia nas organizações*. São Paulo: Saraiva; 2002.

TERRA, J. C. C. *Gestão do conhecimento: o grande desafio empresarial*. 2ª ed. São Paulo: Negócio, 2001.

TOFFLER, A. A. *Terceira onda*. Rio de Janeiro: Record, 1980.

ULRICH, D. *Recursos humanos estratégicos*. São Paulo: Futura, 2000.

WAGNER III, J. A.; HOLLENBECK, J. R. *Comportamento organizacional: criando vantagem competitiva*. São Paulo:

Dados Técnicos:

• Formato:	16 x 23 cm
• Mancha:	12 x 19 cm
• Fonte:	Times New Roman
• Corpo:	11
• Entrelinha:	13
• Total de Páginas:	128
• 2ª Edição:	2015